# MEXICO
## UNA VISION DE ALTURA
Un Recorrido Aéreo Del Pasado Al Presente

PUBLISHING

# MEXICO
## UNA VISION DE ALTURA
Un Recorrido Aéreo Del Pasado Al Presente

**CARLOS FUENTES**
Introducción

**MICHAEL CALDERWOOD**
Fotografía Aérea

**MICHAEL CALDERWOOD
GABRIEL BREÑA**
Texto

# AGRADECIMIENTOS

**Piloto: José Manuel Muradás**

Queremos agradecer a las siguientes personas su apoyo
al proyecto: Wayne B. Hilbig, Luis Fernández, Manuel
Fernández, Robert Amram, Richard Lindley, los directores
y el personal de la Fundación Mexicana para la Educación
Ambiental, A.C., Terry Sherf, María Kierkuc y
Sandra O'Rourke.

Queremos agradecer muy especialmente a Manuel Arango,
sin cuyo generoso apoyo y entusiasmo este libro nunca
hubiera logrado despegar.

Alti Publishing
4180 La Jolla Village Drive, Suite 520
La Jolla, California 92037 USA
(619) 452-7703

Producción de Martín Jon García-Urtiaga
Diseño de Ana Elena Pérez

Publicado en los Estados Unidos de América

Library of Congress Catalogue Card number 92-53214

ISBN 0-9625399-4-5 Edición de lujo
ISBN 0-9625399-2-9 Edición rústica

Algunas de estas fotografías aparecieron por primera vez en 1987 en
el libro *México visto desde las alturas*, editado por Fomento Cultural Banamex, México. El presente libro apareció originalmente en
inglés, editado por Alti Publishing, bajo el título *Mexico: A Higher
Vision*, en 1990, y fue traducido al español por Richard Lindley. La
corrección de estilo estuvo a cargo de Bertha Ruiz de la Concha.

Impreso en Japón por Toppan Printing Company

# CONTENIDO

# PROLOGO

El rostro de la creación

**M**irar a México desde el aire es ver el rostro de la creación. La dimensión acostumbrada de nuestra mirada terrena se eleva y se transforma en una visión de los elementos. Este libro es un retrato del agua y del fuego, del viento y del terremoto, de la luna y del sol.

O más bien: de los soles, los cuatro soles de la cosmogonía tolteca. El sol de Agua que coincide con la creación del mundo y termina con las tormentas e inundaciones que anuncian al segundo sol, sol de Tierra destruido, a su vez, por tremendos terremotos. El tercer sol proclama la llegada de Quetzalcóatl y, con él, de la civilización agraria. Es el sol del Viento, que esparce las semillas, y también las voces.

La fuga de Quetzalcóatl al oriente profetiza el fin del tercer sol. El cuarto sol, el de Fuego, nos rige en espera de la catástrofe final: la conflagración del mundo.

Este bellísimo libro confirma la vieja visión aborigen. Pero si ésta era sucesiva aunque, al cabo, circular, la imagen que ahora vamos a tener es algo más y más hermoso. Es una visión simultánea de los elementos de la creación.

## SOL DE AGUA

Recorren este libro los ríos serpentinos, hilos de feracidad excepcional en medio de los desiertos; desembocaduras anchas y lentas en el mar; opulentas ondulaciones tropicales. Papaloapan, río de los mariposas; Pátzcuaro, lago surcado de libélulas. Itzpapalotl, la diosa estelar del panteón azteca, parece revolotear sobre estas aguas fluyentes y tranquilas. Su nombre, sin embargo, anuncia la ambigüedad de todos los elementos: Mariposa de obsidiana, frágil ala de colores y temible cuchillo de sacrificios.

Es la primera advertencia de la creación, y la anuncia el fugitivo elemento líquido. El agua no es siempre plácida. Y cuando se vuelve tan quieta como un espejo capturado en el cráter de un volcán, la imagen es ominosa: promete, en su tranquilidad sobrenatural, una conmoción apenas aplazada. ¿Qué son nuestros años cuando se ven retratados en los milenios de piedra de las montañas? ¿Quién puede creer que el agua rodeada de roca en los cráteres de Toluca y Puebla siempre fue, y será siempre, esta superficie metálica, inmóvil?

Todo vuelve a moverse. El Usumacinta fluye inseparable de la selva que irriga, pero inseparable también de las nubes que se acumulan sobre el bosque y el río, como si éste las arrastrase. Sabemos que los tres —cielo, río y selva— esconden y protegen a las civilizaciones en reposo, que se fingen muertas y sólo se manifiestan en el misterio de las figuras dibujadas en la roca junto al río en Planchón y en las procesiones fantasmales de Bonampak.

La quietud de las aguas es ilusoria. Las cataratas caen, imponentes, arrastrando la tierra, pero también la historia, que las precede. Las montañas caen de pico al mar. Las barras quiebran al mar mismo. Y un oleaje en la costa de Jalisco retrata a la tierra como un monstruo de garras pardas, asediado, abatido por la furia del mar. El mar dibuja a la tierra.

Pero basta situarnos en el ángulo opuesto de la fotografía, poniéndola de cabeza, para imaginar lo contrario. ¿No estaremos viendo, más bien, el retrato del mar atacado por una tierra hambrienta y feroz que le disputa, activa, ambiciosa, encarcelada tierra, su reino al mar que es el dueño mayor del planeta?

Inquieta, temblorosa e insaciable, temerosa y defensiva, tierra de colmillos y uñas, tierra de fauces y garras, por un momento la superficie de México se estremece. La tierra va a hablar. La tierra va a dominar al agua. Ha nacido el segundo sol, en medio del asombro y del terror hermanados.

## SOL DE TIERRA

Los volcanes muertos —Popocatépetl e Iztaccíhuatl; el Nevado de Toluca— proclaman desde el aire que su quietud no es una póliza contra la catástrofe, sino el anuncio del próximo estremecimiento. El Paricutín sonríe como un niño travieso, advirtiéndonos que un día una espiral de humo puede asomar en el campo de un labriego michoacano, ascendiendo desde la entraña de la tierra rota por el arado, y levantarse de hombros, vomitando ceniza y fuego, hasta la altura del cielo, en unas cuantas horas.

Y hay más: el Chinchón, gigante oscuro y activo, nos informa que su temblor y su humo sólo cesarán para anunciar la próxima conmoción de esta tierra sin reposo, donde la creación aún no termina su tarea. Un volcán le pasa la estafeta al que sigue.

Sol de Agua, sol de Tierra. Desde el aire, vemos el origen de la tierra y del agua. Retratar la cabeza, el inicio mismo de la Sierra Madre Oriental cuando abandona altivamente los llanos y los desiertos y empieza a encaramarse al firmamento, volando hacia su atadura vibrante con la vertiente occidental en el Nudo Mixteco para proseguir, abrazadas para siempre las dos cadenas, hasta su extinción en el extremo sur del Continente, donde los Andes de desgranan como uvas frías en Chile y Argentina. Retratar el surtidor del Río Conchos, ver cómo brotan las aguas madres. Ver todo esto, es asistir al nacimiento de la naturaleza, pero no como algo ocurrido *in illo tempore*, en la edad de los dioses, sino cotidianamente, en nuestra propia edad y ante nuestra mirada presente.

Bien puede el Nevado de Colima mostrarse aquí como un señor maduro, peinando canas, para recordarnos la antigüedad de la naturaleza mexicana. Pero ni siquiera él, ni ninguno de los grandes patriarcas adormecidos que desde los cielos vigilan la tierra, pueden negarnos nuestra propia edad sobre ella. Vemos, tocamos, olemos, gustamos y sentimos hoy, para asistir al perpetuo renacimiento del sol de Tierra, aquí, hoy mismo. Somos los testigos de la creación gracias a las montañas que nos observan y a pesar de sus advertencias: nosotras vamos a durar; ustedes no. Nuestra respuesta es pecaminosa como la soberbia, pero virtuosa como la piedad. Tomamos la tierra entre las manos y la recreamos a nuestra imagen y semejanza.

La geometría, dijo Einstein, no es algo inherente a la naturaleza. Nuestra mente se la impone a la realidad. En estas fotografías, la imaginación geométrica del hombre en México es observada maravillosamente, desde el aire, en el choque incomparable de la arquitectura y la selva en Palenque y Yaxchilán, los sitios donde el combate primigenio parece haber ocurrido, y, lo que es más, estar ocurriendo aún. La naturaleza abraza a la arquitectura; pero la obra humana sufre porque queriendo entregarse a esa ternura casi materna, teme ser sofocada por ella. Y teme, igualmente, ser expulsada del gran vientre húmedo, gestante, protector, y entregada a la intemperie; a la desolación.

De esta tensión nace el gran arte del México antiguo y el esplendor que aquí contemplamos en la acrópolis de Monte Albán, o en los espacios alabados de Teotihuacan, son el triunfo de un instante de dominación sobre la naturaleza pero también de equilibrio con ella. En estos sitios, el hombre ha encontrado el tiempo y ha hecho suyas las formas del tiempo.

Sin embargo, mira a su alrededor y ve la amenaza atrayente: los tajos profundos de las sierras, la maraña devoradora de la selva, el temblor latente del volcán. Le responde acariciando suavemente las laderas de las montañas, engalanándolas con terracerías; acariciando los llanos y sembrándolos de trigo y maíz; y construyendo ciudades, refugios propios para no depender de la protección del árbol, o la caverna, o el cráter.

País de paredes, México las construye primero, con todos los pueblos, para defenderse de la inclemencia del tiempo, del asalto de las bestias y luego del ataque de los enemigos. Pero en seguida, la fundación obedece a otras razones. Primero, separar lo sagrado de lo profano. Luego, segregar al conquistador del conquistado. Y finalmente, alejar al rico del pobre.

A pesar de estas divisiones, nuestras ciudades (estas fotografías lo demuestran) trascienden sus límites para crear, con la misma pared que separa, una circulación que nos reúne en la plaza —el lugar común, el sitio central— y luego en atrios y naves, sagrarios y portales, patios y jardines, acabando por establecer una red de comunicaciones que desafía, y a veces vence, los muros del aislamiento.

Y es que la obra humana de la ciudad —civilización significa vivir en la ciudad, en la *civitas*— adquiere en el nuevo mundo iberoamericano un sentido paradójico. Es, a un tiempo, creación de la voluntad y resultado del azar. Acaso toda ciudad lo sea. La *civitas*, lugar de la civilización, espacio para convivir, es también la *polis*, sitio de la política, arena donde discutir. Y tanto la civilización como la política, proponiéndose como proyectos de la voluntad, son también, y lo admiten ambas, productos de la necesidad y del azar.

Las ciudades mexicanas, empero, despliegan estas verdades con adiciones poderosas de tradición y novedad. Tradición: la nueva traza hispánica sustituye a la ciudad india, le usurpa su función ceremonial, política y religiosa, pero debe asumirla también. Novedad: la ciudad hispanoamericana da la oportunidad de crear urbes nuevas, regulares y cuadriculadas como un tablero de ajedrez, como la parrilla donde ardió San Jerónimo, como la ciudad platónica actualizada en el Renacimiento por León Battista Alberti.

En la novedad de América, se puede dejar atrás la ciudad medieval, amurallada y hacinada. Pero el pasado no se deja enterrar tan fácilmente. Por una parte, la tradición previa, el centro indio, pugna por manifestarse desde los subsuelos de la *urbs nova*, como acaba de hacerlo en el Templo Mayor de la ciudad de México. Por la otra, la novedad racial convierte a ambas, ciudad india y ciudad europea, en ciudad mestiza. Y la necesidad económica —la minería, la accidentada topografía del oro y la plata— convierten a la ciudad renacentista, de nuevo, en un enjambre medieval de callejuelas estrechas, túneles, pozos y escalinatas.

Desde el aire, Puebla, Oaxaca y Morelia lucen su novedad cuadriculada, pero también su ambigüedad mestiza, en tanto que Taxco, Zacatecas y Guanajuato se entregan a las exigencias de las sierpes urbanas que, cual gambusinos, se encaraman, se desploman, husmean el metal, lo trasiegan y, cuando lo encuentran, lo fijan en los altares de las iglesias, pavimentan las calles para las bodas de las primogénitas de la plata, o pierden el oro para siempre en una apuesta, un capricho, una fiesta . . .

Hay una espléndida fotografía en este libro de la Barranca del Cobre en Chihuahua. Como en otros tajos americanos, sobre todo el más soberbio de todos, que es el Cañón del Colorado, este gran abismo mexicano da cuenta de dos extremos de la tierra. Nacimiento y Muerte. Si éste es el primer día de la creación, también es el último. El dramatismo de estos lugares no termina, sin embargo, en el testimonio, circular y simultáneo, del origen y el fin de la tierra. Su impresión mayor es la que define, a cada paso, nuestra visión en movimiento. En Arizona o en Chihuahua, son nuestros desplazamientos los que determinan la realidad del impresionante escenario natural. Basta un paso, a la derecha, a la izquierda, hacia adelante, hacia atrás, para que el gran abismo de piedra se altere fundamentalmente y se desconozca a sí mismo. El movimiento de nuestro cuerpo, de nuestra mirada, transforma lo que, a primera vista, parecía un monumento inalterable de la naturaleza.

¿No es ésta la definición misma del barroco? ¿No es el barroco un arte de desplazamientos, que exige el movimiento del espectador para ser visto —y, lo más importante, para verse a sí mismo? El barroco no es arte frontal, sino circular. El icono bizantino puede ser visto de frente. Bernini y Miguel Angel, en cambio, invitan a que se les vea en redondo. Y la pintura misma, cuando en "Las Meninas" de Velázquez se libera, como observa Ortega y Gasset, de la escultura, lo hace a partir de una mirada circular, escultórica, que penetra el cuadro y se coloca detrás del pintor pintado para ver lo que pinta por segunda vez.

En México, en la América española y portuguesa, el barroco va más allá de la razón sensual o intelectual de Europa para convertirse en una necesidad y una afirmación clamorosas, vitales. O más bien: en la afirmación de una necesidad. Tierra asolada, tierra conquistada, tierra de hambre y tierra de sueños: el barroco americano es el arte de las carencias; es la abundancia imaginaria de quienes nada tienen; es el salto mortal sobre la barranca con la esperanza de caer, de pie, en el otro lado.

El suelo a menudo arisco, abismal, de México es, en su soledad agreste, un anuncio del barroco. Es la invitación a dar el salto y la esperanza de alcanzar el objeto deseado: la otra orilla, la mano fraternal, el cuerpo amado.

El sol de Tierra, que parecía el más sólido, el más perdurable, demuestra así que también es pasajero y que su imagen, en el cielo artificial de un altar barroco, es el de la nube. Pero más nubes que en cualquier altar son las que coronan, como una segunda geografía, el cielo de México.

# SOL DE VIENTO

País de nubes arrastradas, quietas, luminosas, hijas favoritas del siguiente sol, el sol de Viento que erosiona las costas y las cumbres, las piedras labradas y los labrantíos de tierra.

A veces, las opulentas nubes de México son como el sudario que piadosamente aparta de nuestras miradas un cuerpo yerto o moribundo. Como una mortaja, vemos en este libro las nubes que ocultan la agonía de la selva lacandona y de sus habitantes, destinados ambos a la extinción. Pero a veces, las nubes son aquí sólo el velo de civilizaciones que no quieren ser perturbadas. El más sutil de los escudos, el sol de Viento, protege todo aquello que, en nuestro país, espera otro tiempo, un tiempo mejor, para manifestarse. Mientras tanto, las nubes permiten disimular la persistencia de un mundo sagrado y mágico que la razón activa, fáustica, del Occidente, se encargaría de aniquilar.

Además, las nubes mexicanas cumplen otro empeño, más desinteresado, y éste es el de suavizar constantemente los contornos más duros de los elementos. Mar y tierra, volcán y aire, ruina y selva, río y desierto, chocan frontalmente en México, porque aquí los elementos se disputan la sucesión del tiempo y reclaman presencias totales que definan toda una era: agua y fuego, tierra y viento.

Pero si la sucesión no vence nunca a la presencia simultánea de las cosas, es porque las nubes suavizan siempre las asperezas de los imperiosos elementos mexicanos. Ninguno de ellos, en realidad, acaba por imponerse a los demás, sólo porque el viento empuja a las nubes, la espuma del aire disuelve los picachos más agrestes, hermana la playa con el oleaje y confunde las cataratas de agua con las cascadas de flores; hibiscos, bugambilias, zempazúchiles. La nube es niebla que todo lo abraza, humo de disolvencias y lejanías engañosas. Encuentro al cabo, cópula, confusión a veces, triunfo de la luz, difuminación de los tajantes cortes que a menudo caracterizan al arte mexicano. Las líneas más duras de Rivera o Siqueiros suelen ser tan temibles como algunos brutales encuentros que podemos observar en este libro. Sobre todo, hay una fotografía de la Isla Tiburón en la cual la punta —bien llamada Chueca— es un ala de sombra que parece amenazada por un mar color de daga, como si la isla quisiera volar y el mar se lo impidiese, recordándole su destino de vivir —tierra y mar— en confrontamiento perpetuo.

El sol de Viento interviene entonces para disolver las fronteras, amansar las pugnas, sofocar los gritos. El arte fotográfico de Michael Calderwood, en este libro y en este sentido, se parece a la pintura de su compatriota J.M.W. Turner, el padre del impresionismo europeo. Algunas de sus mejores fotos, en un libro marcado por la excelencia, son las del sol de Viento despeinando las arenas, acariciando con suavidad el rostro de las aguas, revelando las texturas de los fondos marinos, pulverizando las variedades, porosas y basálticas, calizas y arenosas, de la piedra. En México, el nombre del pintor de esta región del aire es Ricardo Martínez.

De esta manera, el sol de Viento revela un tercer México desde el elemento mismo que lo define en este libro: desde el aire. El viento que sopla por las bocas de dos dioses gemelos, mediterráneo uno, mexicano el otro, los dos eufónicamente hermanados —Eolo y Ehécatl— impide la rigidez de la tierra o la inmovilidad del mar enfrentados. Pero como todo regalo divino, éste es ambiguo. Se llama, primero, metamorfosis. En segunda, armonía. Y al cabo, muerte.

El sol de Aire convierte al paisaje en pasaje. Las cosas que parecían eternas se revelan mudables. Las formas se asocian o se separan para integrar nuevas figuras. El cráter del Pinacate en Sonora se transforma en un delicioso pezón femenino; un río en Baja California adquiere la silueta imprevista de un escorpión color de rosa acostado en un lecho de tierra negra. ¿Son reales esas vacas que cruzan las aguas en Mexcaltitán, o sólo un espejismo de la laguna? ¿No son estos barcos pesqueros, anclados alrededor de una boya en Puerto Peñasco, en realidad, una mariposa novísima recién salida de la crisálida del mar? ¿Son hongos las cúpulas de Cholula? ¿Son domos de aire puro las jaulas de los tigres en Chapultepec?

Sol de Viento, mi sol. Cuando yo era niño, en el libro escolar de geografía la portada misma dibujaba a México como una cornucopia de cuyo borde se desparramaba una riqueza abrumadora de frutos, incluyendo una larga espiga de trigo que pasaba a formar la península de Baja California. El cuerno de la abundancia aparecía sostenido en el aire. Ninguna mano, ni tierra alguna, lo mantenían en el firmamento. Era como un planeta de infinitas riquezas.

Era necesario pensar, de verdad, en los poderes de Ehécatl, dios del viento, para imaginar a la cornucopia mexicana, planeando en el aire, desparramando sus frutos, fecundando sus surcos con semillas volantineras.

Este libro me recuerda aquel de mi infancia. Mirarlo es como penetrar en la cornucopia mexicana y descubrir, al mismo tiempo, su permanencia y su fugacidad. Por un momento, el cambio se detiene, fijándose en la armonía de todos los elementos. Las aves blancas detenidas en las aguas de una presa la despojan de su ingeniera frialdad. Ganados y campos de trigo, así como torres perforadoras, hoteles, haciendas, ciudades modernas y balnearios; éstos son también los nombres de la abundancia. ¿Lo son de la armonía? Quizás ésta es más modesta y más entrañable. Yo la encuentro en una vista desde el aire de Tlacotalpan y su peculiar sabiduría veracruzana para reunir alegría y recato; sensualidad vivible.

Abundancia significa también el vuelo de los flamingos acudiendo a alimentarse, la mancha rosa de las aves en un mar naranja, el perfil de las sombras verdes de la selva . . . El escándalo de los colores mexicanos, la pintura mutante de la naturaleza, confluyen al cabo en la pintura nueva de una iglesia de pueblo o en el remanso de una aldea de Oaxaca. Esta es la perfección, la armonía tan deseada, la paz de los elementos.

## SOL DE FUEGO

No dura. El cuarto sol, de Fuego, va a calcinar la tierra como los cráteres que sólo porque el humor es a veces más necesario que la necesidad misma, se dan el lujo de cercar un cultivo de maíz cerca del cielo. Se puede ver, desde el aire, un campo de futbol cuyas líneas quemadas sobre el asfalto de la ciudad son comparables a las gráficas ardientes de ese retrato del cielo en la tierra, y que sólo desde el cielo puede verse, en Nazca.

Hay un pedregal chihuahuense que se llama Rocas de Lumbre. Mas el fuego no es necesariamente una llama visible, sino, a veces, la paradoja del agua en llamas —el *atl tlachinolli* de los náhuas— o la conflagración interna que llamamos, o se llama a sí misma, la muerte. Como en la prosa de Juan Rulfo, el campo más llano, pero también la montaña más alta, tienen un hoyo por donde se escapa el calor de la muerte y del sexo. Eros y Tánatos, lo sabemos, son ambos ingresos al submundo invisible, el Mictlán de los antiguos mexicanos, a donde se ingresa enmascarado. Necesitamos otro rostro para la muerte, una máscara que nos hace aceptables para la otra vida, una cara mejor, quizás, que la que tuvimos al vivir en la tierra, cuando éramos bañados por las aguas y animados por el viento.

Desde el aire, ver el Templo de las Inscripciones en Palenque es ver la muerte. Esta pirámide fue erigida por el señor Pacal para anticipar primero, y conmemorar para siempre, su propia desaparición. Desde arriba, los extensos cultivos del zempazúchil, la flor amarilla del día de los muertos, son un anuncio del servicio que la naturaleza siempre le presta a la muerte. Flores color de lumbre, asocian la muerte a un Fuego invisible, disfrazado de vida. Porque el sol de Fuego, que anuncia la muerte, no se agota en ella, aunque la actualice. La vida en México prevé la muerte, porque sabe que la muerte es el origen de todo. El pasado, los antepasados, están en la fuente del presente. Los cráteres con lagunas, los cráteres con cultivos, fueron un día cráteres con fuego. ¿Pueden volverlo a ser? Claro que sí, de la misma manera que la vida volverá a ser, precisamente porque la precedió la muerte.

El sol de Fuego no es, de esta manera, un anuncio de destrucción y catástrofe inapelables, sino eslabón de un círculo donde el fuego consume al aire, sólo para convertirse en su contrario, y luego tierra y luego aire otra vez, antes de incendiarse y reanudar el ciclo . . .

# OTRA VEZ, EL AGUA

Desde la altura, por esto, los cuatro soles son sucesivos pero también coincidentes. Cuando la mirada desciende, le da nombre y lugar precisos a cada uno de los soles de la creación. El nombre del Agua puede ser Acapulco y Careyes, Puerto Escondido y Mazatlán, Veracruz y Cancún. Tres mares, el Pacífico, el Caribe y el Golfo de México, ciñen nuestra tierra con más de nueve mil kilómetros de costas.

Pero estos mares, siendo nuestros, traen en cada ola las noticias del mundo.

Por la costa del Golfo viajó Quetzalcóatl hacia el Oriente, prometiendo regresar a ver si los hombres habían cumplido las lecciones morales de la paz y la fraternidad.

Por esa misma costa de las fundaciones llegaron en el día profetizado los conquistadores españoles, apropiándose de un presagio que sólo fue suyo por coincidencia: Los dioses han regresado a pedirnos cuentas . . .

El Golfo de México se convirtió, de allí en adelante, en la última escala cultural del mar Mediterráneo en las Américas. Soldados y frailes, escribanos y mercaderes, piratas y poetas, invasores y exiliados, trajeron y llevaron por Veracruz el anuncio de los dos mundos: América y Europa, Golfo y Mediterráneo. Reposo final de las olas del Bósforo, las Cíclades, Sicilia y Andalucía, el *Mare Nostrum* de la antigüedad europea termina en Tampico, Villahermosa y Campeche.

Pero las aguas de México también envían, en sentido contrario, sus ondas por el Atlántico hasta el Mediterráneo, y su mensaje es la advertencia de que el nuevo mundo tan deseado por Europa no acaba de ser descubierto, no acaba de ser imaginado, y protege los mitos más viejos de la humanidad, sus verdades más secretas, los sueños de la creación del mundo y del hombre en medio de la violencia, el dolor, la esperanza y la alegría.

"¡Qué aclare!" —exclama el *Popol Vuh*—. "¡Que amanezca en el cielo y en la tierra! No habrá gloria ni grandeza hasta que exista la criatura humana . . ."

En el segundo mar de México, el Caribe, un centinela invisible aguarda, desde Tulum, el imposible retorno del dios. La piedra y el mar se reúnen aquí. La espera es desvelada y eterna. Pero ningún dios regresará ya, porque la tierra reclama que sus hijos la construyan, que ahora sean ellos los creadores.

En el Pacífico, en fin, las noticias que llegan son las de un mundo aun más lejano que el de Europa. Catay, el imperio del medio. Cipango, del sol naciente. Y nuestras vaporosas hermanas de la sombra, las Filipinas. Las islas y los reinos que nos envían, como lo evoca Bernardo de Balbuena en la *Grandeza mexicana*, "seda el Japón, el mar del Sur tesoro de ricas perlas, nácares la China", de tal suerte que

"En tí están sus grandezas abreviadas;

tú las basteces de oro y plata fina;

y ellas a ti de cosas más preciadas."

El sol de Agua no nos encierra. Nos abre, nos comunica, rompe las barreras del aislamiento: nos hace circular afuera y adentro. Recibimos, damos, cambiamos, preparamos el paso del agua a la tierra, de la tierra al aire, del aire al fuego, del fuego al agua . . .

Lo que observamos en este libro, entonces, es el retrato de los ciclos, que es el retrato de los cielos, la sucesión de los soles de México sobre México, la autoridad que el país y sus gentes derivan de una relación sin tregua con los elementos.

Es la identificación del retrato de los mexicanos con el retrato de la creación.

Por eso, las victorias de lo humano son mayores en México. Por extrema que sea nuestra realidad, no negamos ninguna faceta de la misma, ninguna realidad del cosmos. Intentamos, más bien, integrarlas todas en el arte, la mirada, el gusto, el sueño, la música, la palabra.

Desde el techo de México, esta forma de ser se aprecia mejor, como esa escultura de un dios por Rivera, fotografiada por Calderwood, que requiere distancia y altura para ser vista.

Este es el retrato de una creación que nunca reposa porque aún no concluye su tarea.

CARLOS FUENTES
San Jerónimo, México
Diciembre de 1989

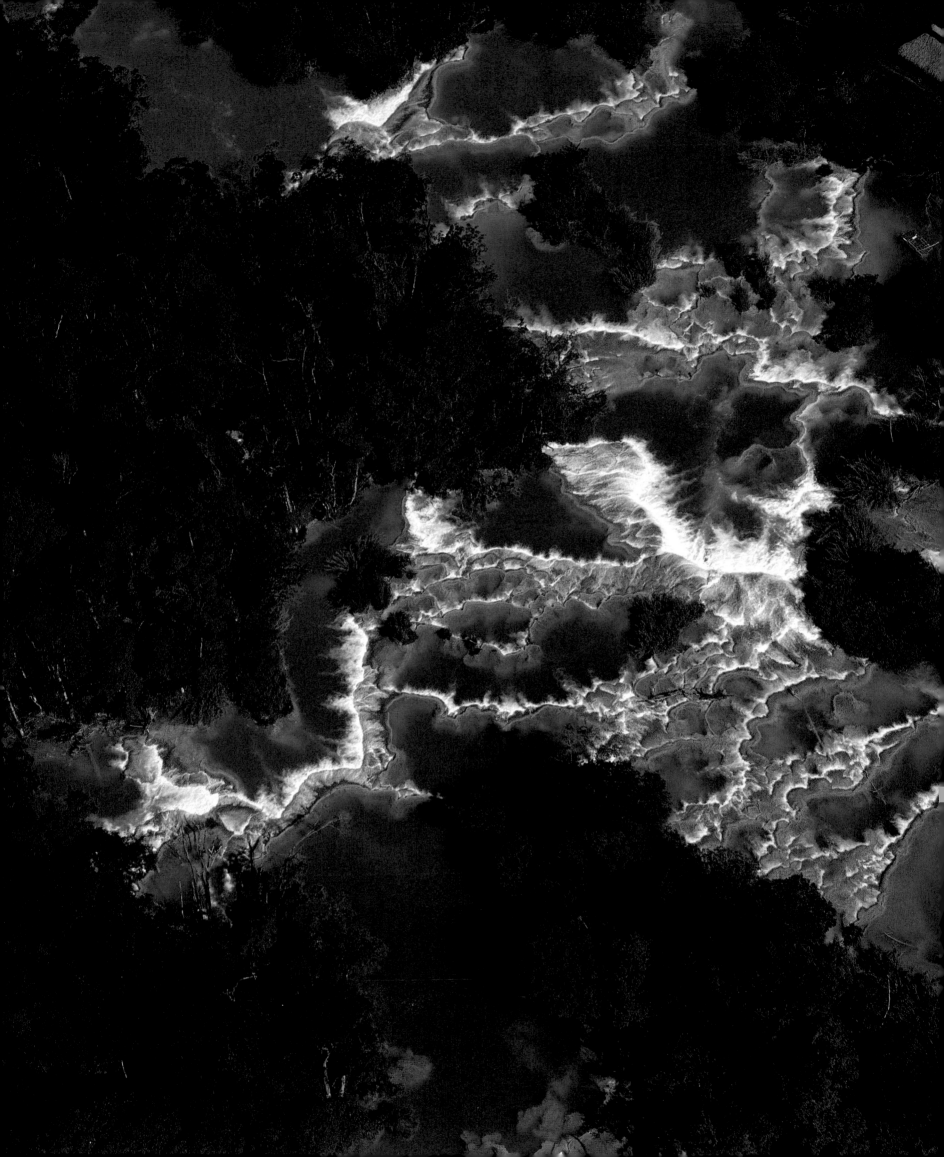

# EL SURESTE

Tierra de jade y turquesa

**YUCATAN**

GOLFO DE MEXICO

● MERIDA

**CAMPECHE**

CAMPECHE

CHETUMAL ● **QUINTANA ROO**

BAHIA DE CAMPECHE

MAR CARIBE

**TABASCO**

● VILLAHERMOSA

**CHIAPAS**

● TUXTLA GUTIERREZ

GOLFO DE TEHUANTEPEC

Antes de la época de las autopistas y los aviones, México no era un país unido, sino una federación de regiones aisladas por su accidentada topografía. En algunas zonas, las sierras infranqueables impedían a los pobladores conocer incluso la existencia de sus vecinos. Hoy, los modernos sistemas de comunicación rebasan las cimas y unen a los poblados más remotos. No obstante, la extensión y diversidad geográfica nunca permitirá delinear con facilidad sus rasgos unificadores.

En el sureste, las topografías de la península de Yucatán y del estado de Chiapas, tan diferentes entre sí, ilustran la diversidad de México. Yucatán, una enorme plancha de piedra caliza cuyo horizonte apenas se ve perturbado por alguna pequeña colina, equivale a la tercera parte de la superficie total de Francia. Debido a la porosidad del subsuelo, carece de ríos y afluentes. Las lluvias son el único factor de alteración

importante en la geografía yucateca, y la vegetación varía desde la abundancia en la parte baja de la península hasta la escasez en la zona más seca del noroeste. La uniformidad relativa del entorno yucateco es única en el panorama geográfico de México.

Chiapas, en cambio, presenta una topografía mucho más compleja, compuesta por una serie de subregiones o franjas longitudinales, cada una con un clima y un ecosistema diferentes. La franja más cálida es el llano de la costa del Pacífico, que sirve de corredor entre Guatemala y la zona central del país. En la franja contigua predomina la sierra, cuyas faldas están cubiertas de cafetales. Al otro lado de las montañas yace el valle profundo del río Grande de Chiapa, zona ganadera de mullidos pastizales. Un poco más adelante, la meseta de coníferas colinda al noreste con el bosque tropical de la costa del Golfo, cuna de los últimos sobrevivientes de la

Cascadas de Agua Azul, cerca de las ruinas mayas de Palenque.

selva maya: los lacandones. Esta franja se extiende más allá del río Usumacinta para penetrar en el territorio de Guatemala.

No obstante sus diferencias topográficas, Chiapas y Yucatán comparten una herencia: la civilización maya que floreció en estas tierras y cuya influencia cultural abarcó desde Panamá hasta el centro de México. Los centros ceremoniales son obras maestras de la arquitectura prehispánica y constituyeron el eje de una vasta red de ciudades-estado que cubría el sureste de México y gran parte de Centroamérica.

La civilización maya experimentó dos edades de oro. Durante la primera —que se inició alrededor del año 350 de nuestra era— se construyeron ciudades espléndidas, entre las cuales se encuentran Palenque, Edzná, Uxmal y Chichén. Esta época ilustrada se apagó repentinamente después de cuatro siglos y fue seguida por un periodo de *impasse* cultural. Más tarde, ejércitos toltecas invadieron la península desde el suroeste, y con ello la cultura maya cobró un nuevo impulso. Los toltecas construyeron una metrópoli al lado de la antigua ciudad de Chichén y la bautizaron como Chichén-Itzá. Para el siglo XIII, este renacimiento se había marchitado, aunque no se extinguió sino hasta la conquista de Yucatán por los españoles, trescientos años más tarde.

Pese a un siglo de distancia, ambas edades doradas de la historia maya comparten diversas características que distinguieron a esta cultura de otras civilizaciones prehispánicas. Sus esculturas eran mucho más ornamentadas que las de sus contemporáneos, y sus ciudades, incomparables en armonía y equilibrio, no correspondían a ningún modelo conocido. El mundo maya giraba en torno a un calendario muy exacto, testimonio de la profundidad de sus conocimientos de astronomía y de su obsesión por el tiempo.

El minucioso registro de los movimientos celestes ha permitido a los arqueólogos modernos dar la fecha precisa de los acontecimientos sobresalientes en la historia maya, aunque no puntualizar los motivos del ocaso de su civilización. Las teorías hablan de una catástrofe ecológica, de luchas internas y de invasiones de tribus bárbaras. Sin embargo, las enigmáticas claves históricas no permiten conocer con claridad la némesis de los mayas.

La comunicación entre el sureste de México y el resto del país existía ya desde la época prehispánica, a pesar de los sistemas rudimentarios de transporte. Durante la mayor parte del siglo XV, los enviados aztecas exigían tributo a las comunidades de Chiapas, y sólo la fuerza de los comerciantes mayas les impidió establecer su dominio en Yucatán. Los lazos comerciales se debilitaron después de la conquista de México y Guatemala, ya que el rey de España impidió el comercio al interior de sus dominios para proteger los poderosos monopolios del imperio.

Las enormes montañas, los caminos en mal estado y la política colonial, propiciaron la incomunicación del sureste con el resto del país dando como resultado un confuso sentimiento de unidad entre sus habitantes. Los movimientos separatistas del siglo XIX fueron el resultado de ese aislamiento. Durante la Guerra de Castas —sublevación de los campesinos mayas contra el mal trato de los terratenientes— ambas partes estuvieron dispuestas a comprometer la soberanía mexicana de la región a cambio del apoyo del exterior. Los terratenientes contemplaron la posibilidad de someterse a una relación colonial con Gran Bretaña, España o Estados Unidos, mientras que los indígenas se declararon únicamente vasallos de la reina Victoria. Lejos de apoyar la causa campesina, esta alianza sólo favoreció los intereses británicos y desembocó en la fundación de Honduras Británica.

La restauración gradual de la paz contribuyó al resurgimiento económico de Yucatán. A fines del siglo XIX, Mérida, la ciudad más importante, contaba con los mejores servicios públicos del país. Esta nueva prosperidad se debió a la explotación del henequén, planta de tierras áridas aclimatada en la región.

Hacia la segunda mitad del siglo XIX, los hacendados yucatecos tenían el monopolio mundial del henequén, que en su mayoría se exportaba a Estados Unidos, donde se transformaba en cuerdas y tejido para sacos. Pero la competencia del Africa sorprendió a los hacendados y destruyó su monopolio hacia los años veinte. Su falta de flexibilidad para adaptarse y sobrevivir, y el desarrollo de las fibras sintéticas después de la Segunda Guerra Mundial, marcaron el fin de la industria henequenera.

La uniformidad actual del paisaje yucateco apenas permite recordar la riqueza de su historia cultural. De vez en cuando, un resplandor blanco a lo lejos señala la presencia de una pirámide maya o las ruinas de una hacienda henequenera. Pero ahora, los monumentos más conocidos de esta región son los grandes hoteles de Cancún, que rompen la monotonía de la planicie costera.

El futuro de la península se cimienta en el turismo. El desarrollo económico de la costa del Caribe y el creciente número de turistas que visitan Cancún, Uxmal, Chichén-Itzá y Tulum quizá permitan a los descendientes de aquellos antiguos pobladores obtener una nueva fuente de riqueza. Sin embargo, los mayas y otros grupos indígenas del altiplano y la sierra de Chiapas, que han mantenido sus costumbres y su estructura social, deberán encontrar otra ruta hacia la modernidad.

Los grandes hoteles de Cancún proyectan su sombra en el Caribe.

Palenque, joya de la arquitectura maya clásica.

Las lagunas de Montebello, en Chiapas, están rodeadas por montes de pino y roble.

Campamento pesquero en la parte occidental de la península yucateca.

Flamingos en la reserva de Celestún.

•Edzná, sitio arqueológico apartado en Campeche.

Ruinas de una antigua iglesia franciscana en Campeche.

Montañas en la sierra de Chiapas. ▶

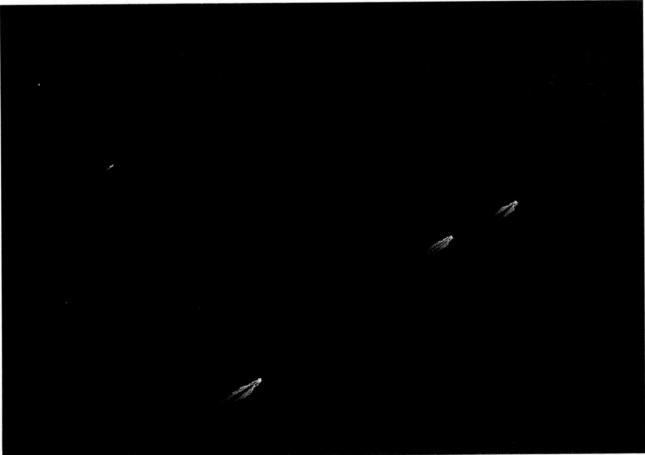

Figuras formadas por los bancos de arena en la laguna de Términos, en Campeche.

Lanchas de pescadores cruzan los bancos de arena cerca de Isla Mujeres.

La neblina del amanecer cubre la selva lacandona.

El Chichonal, volcán en actividad en Chiapas.

El Castillo, pirámide dedicada a Kukulcán, en Chichén-Itzá.

Yaxchilán surge entre la selva lacandona.

Hacienda de Blancaflor, en Yucatán.

Una tormenta se cierne sobre la isla del Carmen al atardecer.

Pueblo tzotzil de San Andrés Larrainzar, Chiapas.

Uxmal, gran centro ceremonial maya. ▶

# LA COSTA DEL GOLFO

## El fluir del tiempo

Hernán Cortés y los primeros españoles pisaron las cálidas playas del Golfo de México a principios de 1519. Desde ahí vislumbraron atónitos la cumbre blanca de un volcán que surgía entre la neblina. "Los naturales de la tierra nos dicen que es nieve", escribió Cortés en su carta al rey, "mas porque no lo hemos bien visto, aunque hemos llegado muy cerca, y por ser esta región tan cálida no nos afirmamos si es nieve". Varios meses después, en su marcha desde tierra caliente hasta la gran capital de los aztecas, unos enviados de Cortés se apartaron para subir a otro volcán. "Trajeron mucha nieve y carámbanos para que los viésemos, porque nos parecía cosa muy nueva en estas partes, a causa de estar en parte tan cálida . . . que dicen que esta tierra está en veinte grados, que es en el paralelo de la Isla Española, donde continuamente hace muy gran calor."

Para llegar a la parte alta de la Sierra Madre Oriental, la gran cordillera del este de México, los españoles siguieron esencialmente la misma ruta que recorre el automovilista moderno en su viaje del puerto de Veracruz a la capital. Desde el aire, el terreno se asemeja a una enorme escalera, aunque sólo el primer escalón —la llanura que separa las montañas del mar— es discernible para quienes viajan por tierra. Los demás escalones se pierden entre las barrancas, pendientes y valles que abundan en esa zona. Si bien los accidentes del paisaje de la Sierra Madre ocultan la topografía, la atemperación gradual del clima se percibe con facilidad, y los cambios de vegetación advierten al viajero de su ascenso escalonado desde la llanura costera. Los españoles nombraron las distintas regiones de acuerdo con la temperatura: "tierra caliente", a la calurosa llanura y a las faldas bajas de la sierra, y "tierra fría", al altiplano más fresco, que comienza a unos 1 500 metros sobre el nivel del mar.

La costa del Golfo de México —ubicado en la misma latitud del estéril Sáhara— tiene una vegetación exuberante. Los factores climáticos producidos por la intensa radiación solar, la evaporación y el viento se combinan con la yuxtaposición geográfica del mar y la Sierra Madre para crear un clima húmedo. Al evaporarse el agua de mar con el calor, la atmósfera se satura de humedad y se forman abundantes nubes que los vientos tropicales arrastran hacia las montañas, donde la condensación las transforma en lluvia. Cabe decir que este proceso también es característico de la costa del Pacífico, aunque es más intenso en el Golfo debido a los vientos dominantes que soplan del oriente. Las lluvias en las laderas de la

El río San Pedro y San Pablo, en su sinuoso recorrido por los llanos de Tabasco.

Sierra Madre Oriental son tan abundantes que la cuenca del Golfo proporciona más de la mitad de los recursos hidráulicos superficiales del país.

Debido a estos factores climáticos, la tierra caliente al pie de la Sierra Madre Oriental alterna entre lluvias abundantes y sol tropical, lo cual ha creado un jardín botánico incomparable. Los biólogos estiman que hay cerca de diez mil especies de plantas en la región, así como una gran abundancia de animales exóticos. Diversas variedades de orquídeas cuelgan del ramaje de los zapoteros que se mecen en el aire impregnado del estruendo de cacatúas y guacamayas.

El clima también es propicio para la agricultura. Los primeros pobladores europeos sembraron caña de azúcar en los valles; más tarde explotaron la vainilla, muy apreciada en el siglo XVIII como condimento del chocolate. Hoy, los montes están cubiertos de plantaciones de café y huertos de papaya, plátano, aguacate, granada, guanábana, mango y frutas cítricas. Hacia el llano costero se cultivan especies locales de camote silvestre, que se utilizan como materia prima para la extracción de hormonas esteroides. Cerca de Jalapa, el ganado Holstein pasta en extensos prados que parecen sacados de un calendario de paisajes suizos.

La sólida columna de la Sierra Madre, de más de nueve mil kilómetros de largo, se hace cada vez más estrecha hasta desaparecer en las tierras bajas del istmo de Tehuantepec. Al bordear la línea costera para formar la bahía de Campeche, las montañas se desvanecen, el llano se ensancha y el agua brota por doquier: en los ríos que se deslizan lentamente hacia el Golfo, en los pantanos que de vez en cuando se tragan a una res desprevenida, y en charcos que de pronto se convierten en lagunas, al desbordarse los ríos. Esto favorece el que, por lo general, los habitantes prefieran transportarse a través de las corrientes de agua que por los caminos.

Hace aproximadamente 3 500 años, en esos pantanos y bosques tropicales que ahora forman parte del estado de Tabasco, surgieron las civilizaciones madres del México prehispánico. Si bien los orígenes del pueblo olmeca se remontan a la oscuridad del pasado, las huellas arqueológicas indican que su creatividad espiritual y estética influyó en las culturas mesoamericanas durante 3 000 años. La invención del calendario permitió a los olmecas ordenar la casualidad aterradora de los fenómenos naturales y a los sacerdotes ejercer control sobre la extensa población. El dios jaguar fue el precursor de las deidades omnipotentes de la lluvia. Los escultores olmecas transformaron las piedras de jade en delicadas figurillas y los enormes bloques de basalto en cabezas gigantescas de gran expresividad y simetría. Asimismo, el patrón de organización social establecido por los olmecas fue el que prevaleció a lo largo del periodo prehispánico: comunidades agrupadas en torno a centros ceremoniales habitados por jerarquías religiosas. Los olmecas impusieron su dominio sobre los grupos vecinos a través de un sistema tributario, y sus mercaderes comerciaban desde Panamá hasta la zona mexicana del Pacífico. Por una ironía de la historia, los españoles iniciaron la conquista de las civilizaciones prehispánicas justamente desde las mismas tierras que sustentaron a la cultura madre olmeca. En el sitio de su desembarco, fundaron el puerto de Veracruz, nombre que simboliza el espíritu mesiánico con que justificaron sus conquistas. Veracruz ha sido a través de la historia la puerta de México y el paso de amigos y enemigos. Durante la época colonial, los españoles construyeron la fortaleza de San Juan de Ulúa para defender el puerto de las incursiones piratas; más tarde ésta se convertiría en su último reducto en suelo mexicano, del cual se retiraron cuatro años después de haberse firmado la Independencia. El puerto fue punto de conflicto incluso en periodos posteriores. En 1914, Veracruz fue atacado por buques de guerra enemigos y ejércitos extranjeros.

Una nueva fuente de riqueza brotó en el litoral del Golfo a principios de este siglo. Los aztecas lo llamaban *chapopotli* y lo masticaban para limpiarse los dientes; después, el petróleo —nombre con el que se le conoce actualmente— se refinaba para ser utilizado como combustible de lámparas y, a partir de la Segunda Guerra Mundial, un verdadero bosque de pozos de perforación surgió entre los naranjales de Veracruz. En 1938, cuando se nacionalizó la industria petrolera, México era uno de los mayores productores de petróleo en el mundo. Los avances en las técnicas de perforación y el incremento en el precio del petróleo durante los años setenta le permitieron explotar sus enormes yacimientos petrolíferos en el lecho del Golfo. Pero la reciente inestabilidad del mercado internacional ha demostrado el papel incierto del petróleo como fuente de riqueza para el país.

La región del Golfo se ha considerado durante generaciones como un Edén. Sin embargo, al igual que sus antecesores bíblicos, los mexicanos descuidaron este jardín mítico. Siglos de abusos han dejado su huella en el ambiente. Los grandes afluentes están contaminados, y los espesos bosques de ceiba que alguna vez cubrieron las laderas de las montañas se han convertido en manchas escasas. Los antiguos pobladores prehispánicos adoraban a la naturaleza y los mexicanos de hoy rendirían el mejor homenaje a sus ancestros si volvieran al camino de la armonía ecológica. La costa del Golfo volverá a ser el paraíso terrenal cuando sus habitantes logren equilibrar el progreso con el respeto a los recursos naturales.

Puesta de sol sobre el complejo petroquímico de La Cangrejera, en Veracruz.

El Salto, en la región huasteca de San Luis Potosí.

Amanecer nublado cerca del Pico de Orizaba. ▶

Arboles de primavera en flor en el llano costero de Veracruz.

Plataforma de Pemex en la sonda de Campeche, a 60 kilómetros de la costa.

Veracruz, el puerto más antiguo del Golfo.

Muelle de tanques petroleros en el río Coatzacoalcos, Veracruz.

Ejemplo de arte autóctono en Cupilco, Tabasco.

Pórticos y balaustradas en las calles de Tlacotalpan, Veracruz.

Los Tuxtlas, junto a Playa Escondida, Veracruz.

Presa Miguel Alemán, en el estado de Oaxaca.

# EL ALTIPLANO CENTRAL

## Un imán cultural

AGUASCALIENTES

GUANAJUATO

QUERETARO

HIDALGO

JALISCO

TLAXCALA

PUEBLA

MICHOACAN

MORELOS

La ciudad de Puebla se encuentra cien kilómetros al sureste de la ciudad de México. Pese a estar ubicada más cerca del Ecuador que El Cairo, La Meca o Nueva Delhi, en Puebla se disfrutan veranos más frescos que en la mayor parte de Estados Unidos, e inviernos moderados, no obstante su altitud —alrededor de 2 200 metros sobre el nivel del mar. Puebla es el ejemplo del clima de la altiplanicie central mexicana, que comprende, además, la mayor parte de los estados de Querétaro, Morelos, México, Michoacán, Jalisco, Guanajuato, Hidalgo y Tlaxcala.

El altiplano es un laberinto de valles fecundos y caminos sinuosos entre la urdimbre de las montañas, fracturado por múltiples barrancas en sus extremos oriental y occidental. El paulatino cambio climático, de templado a árido, marca el límite al norte, a la altura de la ciudad de Aguascalientes. Al sur, un muro formidable de volcanes, que incluye a los cinco picos más altos de México, divide al país de este a oeste, y marca la dramática separación entre el altiplano y las tierras bajas de la costa del Pacífico.

Diversos volcanes han surgido en esta cadena montañosa durante más de cuarenta millones de años. Hace apenas cinco décadas, un campesino de Michoacán observó que salía humo de los surcos de una milpa recién arada. Ocho meses después, la milpa, los montes vecinos y el pueblo entero de Parangaricutiro yacían sepultados bajo la lava de un volcán de quinientos metros de altura: el Paricutín. El fuego se apagó con el tiempo, aunque aún late bajo la superficie. Otros volcanes de la zona —como el del Fuego— siguen en actividad y esporádicamente hacen temblar las tierras a su alrededor.

El altiplano alberga a más de la mitad de la población de México. También es cuna de la política, taller de las bellas artes y hogar de la cocina del país. Dos grandes acontecimientos de la civilización humana —y del continente americano— se iniciaron en el altiplano central de México: la domesticación del maíz, que promovió el asentamiento de las primeras comunidades agrícolas, y el establecimiento subsecuente de sociedades urbanas de gran escala.

Los restos arqueológicos sugieren que, hace aproximadamente 24 000 años, los cazadores recorrían el altiplano central. Más tarde —alrededor del año 1 000 a.C.— estos cazadores descubrieron el cultivo del maíz, planta silvestre originaria de las estepas, lo cual les brindó un recurso alimenticio seguro. Las técnicas desarrolladas por estos campesinos primitivos se extendieron posteriormente al cultivo del frijol, la calabaza y el chile.

El Paricutín, prueba reciente de la geografía volcánica de México.

El maíz constituye el mejor ejemplo de la interacción entre el agricultor y la fuente alimenticia. Si bien es una planta resistente que puede cultivarse en la mayoría de los climas, es necesario deshollejar y esparcir los granos para multiplicar el número de pies de planta en un mismo sitio. Debido a esta relación, el maíz se transformó de una hierba poco frecuente, de granos pequeñísimos, en un grano cultivado en grandes extensiones, capaz de proporcionar al mundo un alimento básico que es a la vez materia prima para una amplia gama de productos manufacturados, muy nutritivos.

Una comunidad urbana de gran importancia en el altiplano de México fue Teotihuacan, sitio ubicado unos cincuenta kilómetros al noreste de la ciudad de México y cuyo nombre, de origen azteca, significa "lugar de los dioses". Teotihuacan es el más importante —y el más enigmático— de los centenares de sitios arqueológicos esparcidos por el altiplano central. Cerca del año 700 de nuestra era, esta ciudad-estado tenía una población de más de 100 000 habitantes. (Las ciudades europeas no tuvieron una población similar sino hasta el Renacimiento, casi ochocientos años después.) Incluso mucho después de haber sido abandonada, la ciudad seguía mereciendo el respeto de las civilizaciones que llegaron a dominar el altiplano.

La piedra era la única herramienta de los pobladores de Teotihuacan, y la fuerza de trabajo su riqueza principal. Su alimentación dependía de cultivos en tierras de temporal, en una zona de lluvias muy variables, lo cual quizá permitía el sostenimiento de pueblos aislados, pero no de una ciudad con una población tan densa. Sin embargo, la economía de Teotihuacan sustentaba no sólo a los campesinos, sino también a la élite de artesanos y sacerdotes. La civilización moderna —que se considera la cúspide de la obra humana— difícilmente podría comprender el tamaño y la diversidad de esta antigua metrópoli. Ante el enigma insondable de Teotihuacan algunos escépticos han recurrido a teorías fantásticas sobre seres extraterrestres que dotaron a los hombres de sabiduría cósmica. No obstante, una civilización de casi mil años, como la teotihuacana, sin duda fue capaz de alcanzar no sólo una población numerosa sino una sociedad de gran refinamiento cultural.

Debido a las condiciones metereológicas favorables del altiplano central, la mayoría de las sociedades prehispánicas se concentró en esta zona, alrededor de las lagunas de Pátzcuaro y Texcoco, así como en el valle de Puebla; los españoles se establecieron más al norte, sobre todo en la cuenca del río Lerma, donde encontraron yacimientos de oro y plata. Con la construcción de las minas, se crearon centros mercantiles vecinos, algunos de los cuales —como Querétaro y San Miguel de Allende— llegaron a ser ciudades que rivalizaban con los centros mineros en riqueza y esplendor.

Otras ciudades, como Guadalajara y Morelia, debieron su prosperidad a la agricultura y la ganadería, pero la baja calidad de los pastos mexicanos —cada res necesita de hasta 14 hectáreas— obligó a los criadores a improvisar nuevas técnicas ganaderas. Se modificaron las sillas de montar para permitir largas horas a caballo, se perfeccionaron las técnicas de manejo de animales, se ensancharon las alas de los sombreros como protección contra el intenso sol mexicano, y así surgió la imagen del charro.

La iglesia católica era el centro de la estructura social en la Colonia. Su poder sobrepasaba en ocasiones al del virrey, representante de la corona española en México. La administración de escuelas y hospitales estaba a cargo de órdenes religiosas como la Compañía de Jesús, una comunidad de gran fuerza y riqueza que difundió su filosofía liberal a través de las instituciones educativas.

El colegio jesuita de Tepotzotlán, fundado en el límite noroeste del valle de México, era una de las cincuenta y tres instituciones que educaban sobre todo a los jóvenes de la aristocracia mexicana. Pero ahí se enseñaba a los alumnos a apreciar el valor de su herencia, a sentir orgullo por sus costumbres y a valorar la hermosura del paisaje mexicano. Los jesuitas llegaron incluso a estudiar las sociedades prehispánicas —considerado casi una herejía por la iglesia— y su contribución al desarrollo de una conciencia mexicana fue de gran importancia. Por lo mismo, no fueron vistos con buenos ojos por la España imperial y fueron desterrados de los dominios españoles en 1767. Sin embargo, sus enseñanzas perduraron; cincuenta años después inspiraron a los primeros líderes del movimiento independentista.

Los grandes acontecimientos que señalaron el destino de México se desarrollaron, en su mayoría, en el escenario del altiplano central. Episodios cortos y violentos, como la Conquista o la guerra de Independecia, y procesos largos como la domesticación del maíz o la evolución del nacionalismo, se iniciaron aquí y se difundieron hacia el interior del país. Esto permite hacer una analogía con la geografía física de México, ya que los terremotos y volcanes afectan las zonas circundantes con patrones de expansión radial. Las fuerzas que conformaron la topografía del altiplano la alterarán con el tiempo. Sin embargo, no es posible predecir con igual facilidad qué sucederá con sus habitantes. Sólo el tiempo dirá si esta zona conservará su preponderancia como imán político y cultural, y como centro histórico del país, dentro del ritmo cada vez más acelerado de los acontecimientos contemporáneos.

La niebla envuelve un cerro al amanecer cerca de Apan, Hidalgo.

Un cráter sirve como cerca a unas tierras de cultivo.

Plaza de toros de Aguascalientes, la más antigua del país, durante la feria de San Marcos.

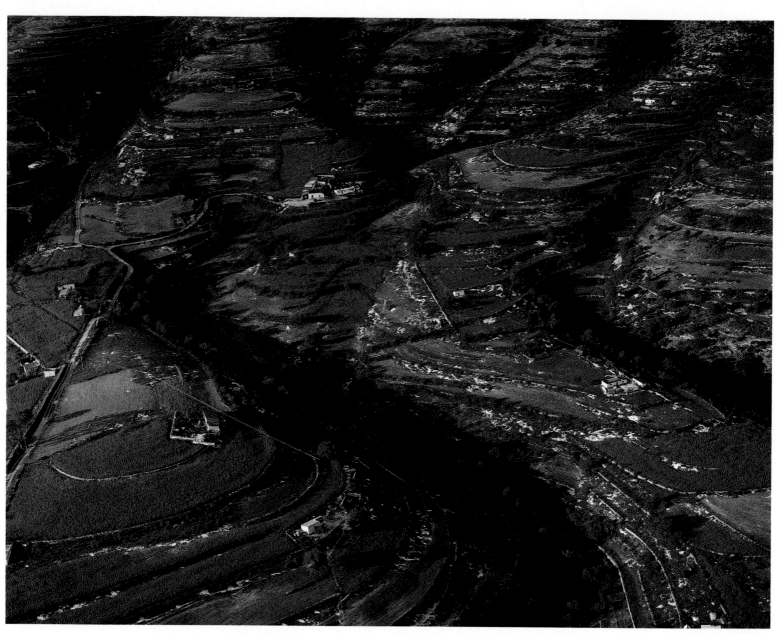

Tierras de cultivo en las colinas de la sierra de Tentzo, en Puebla.

Campos de trigo cerca de Apan, Hidalgo.

El terreno accidentado deTaxco (izquierda) y Guanajuato (derecha) impidió realizar la traza reticular de las calles.

Pirámides de la Luna (foto superior) y del Sol (derecha) en Teotihuacan.

Zonas de cultivo alrededor de un poblado en el estado de Puebla.

Un recodo en el río Atoyac, Puebla.

Las tradiciones charras se originaron en las haciendas ganaderas de Jalisco.

Figuras trazadas por la erosión en el altiplano jalisciense.

Plantíos de zempazúchil, flor característica del Día de Muertos.

Parte de la iglesia de Parangaricutiro surge entre la lava del Paricutín.

Iglesia de Jolalpan, Puebla.

El agua cubre los cráteres de algunos volcanes en extinción en las llanuras de Puebla. ▶

Catedral de Guadalajara y plazas aledañas.

El amanecer sombrea las cúpulas y torres de Guadalajara.

Hacienda de Chiautla, en Puebla, una curiosidad arquitectónica.

Llano de Puebla moteado con huizaches.

Iglesia campirana, en Puebla.

Cúpulas de la Capilla Real en el monasterio de San Gabriel, en Cholula.

El lago de Pátzcuaro, antigua cuna de la cultura purépecha.

La plaza principal de San Miguel Allende bajo la sombra de los laureles.

El Nevado de Toluca, coronado de nieve durante el invierno.

Lagunas del Sol y de la Luna en el cráter del Nevado de Toluca.

# LA CIUDAD DE MEXICO

El fin del Quinto Sol

ZOCALO

SAN ANGEL

COYOACAN

TLALPAN

XOCHIMILCO

Hace cuarenta millones de años, las erupciones de los volcanes en el sur del altiplano central formaron un valle de aproximadamente 3 000 kilómetros cuadrados que, al no contar con ríos que lo drenaran, se llenó poco a poco de agua. Cuando el ser humano apareció por estas tierras, se habían formado varios lagos de poca profundidad. La vida silvestre rebosaba en sus orillas pantanosas, y bosques de pino y encino cubrían las laderas de las montañas. El aire era limpio y fresco. Las lluvias de verano, que renovaban los lagos, y las frías noches de invierno, eran las únicas variantes climáticas en un ciclo anual caracterizado por días soleados y humedad escasa.

Las tierras del valle eran más altas que los lagos, por lo cual el agua no podía utilizarse para irrigar las cosechas. Pero los antiguos pobladores improvisaron un ingenioso sistema de cultivo: llenaban canastas gigantes de carrizo con arena y lodo extraídos del fondo del lago. Estos jardines flotantes, o chinampas, a los que nunca faltaba el agua, eran productivos en extremo. Todavía hoy se cultivan flores y verduras en los jardines flotantes de Xochimilco, actualmente un suburbio de la ciudad de México.

Las chinampas fueron un factor determinante en el surgimiento de México-Tenochtitlan, ciudad fundada en 1325 por los aztecas en un islote al poniente del lago de Texcoco. En un principio, la población se refugió aquí, en medio de tribus enemigas que contaban con excelentes asentamientos. No obstante, doscientos años después, los españoles se encontraron con una ciudad de exquisita hermosura y traza precisa, incrustada como una joya en las aguas azules del lago. Desde Tenochtitlan, los aztecas habían logrado formar un imperio que abarcaba la mayor parte del México prehispánico, pero la crueldad y violencia que lo caracterizaron crearon divisiones profundas con sus estados tributarios.

Los conquistadores aprovecharon hábilmente este descontento y atacaron Tenochtitlan a la cabeza de un enorme ejército de indígenas sedientos de venganza. Después de dos meses de sitio, la población de la capital azteca quedó devastada por la hambruna y las enfermedades. Consciente de la importancia política de Tenochtitlan, Cortés insistió en reconstruirla. Si bien las nuevas casas y palacios se edificaron conforme al estilo europeo, se conservaron la traza de las calles y la plaza mayor como el centro. Esta traza fue el modelo

Trajineras en espera del bullicio dominguero en los canales de Xochimilco.

para la mayoría de los asentamientos españoles en el resto del país.

La centralización del poder, piedra angular del imperio azteca, continuó como uno de los factores determinantes del tamaño y la importancia de la ciudad de México. Al igual que sus predecesores indígenas, los virreyes se empeñaron en ejercer su dominio desde el centro, y quizá la ciudad se hubiera disgregado durante el periodo independiente —debido a su dimensión y la diversidad de sus habitantes— de no haber imperado esa fuerte tradición centralista. Sin embargo, la violencia de los primeros sesenta años que siguieron a la Independencia fue originada, en parte, por el deseo de las provincias de lograr cierto grado de autonomía, una muestra de que aún seguía vivo el espíritu de rebeldía que en otro tiempo desestabilizara el dominio de los aztecas.

El centralismo continúa siendo un factor de importancia en el México actual. Tal como sucede con los rayos de una rueda, los caminos y vías férreas convergen en la capital. Por ejemplo, la tubería de acero fabricada en Monterrey se distribuye desde la ciudad de México, incluso si su destino es el norte del país. Los artistas e intelectuales se forman en la capital, lo cual, en muchas ocasiones, ha privado a los estados del talento creativo que podría realzar su desarrollo cultural. La influencia de la capital es determinante para los mexicanos contemporáneos, y su supremacía se describe por lo general con superlativos: la ciudad más antigua del continente, cuna de la primera universidad, de la primera imprenta y la primera casa de moneda en América; la única ciudad que ha sido dos veces sede de la copa mundial de futbol; la primera y única ciudad de Latinoamérica que ha sido sede de los juegos olímpicos.

La devoción a la virgen de Guadalupe es otro factor que ha contribuido a hacer de la ciudad de México el alma de la nación. La basílica construida en su honor sobre los restos de un templo dedicado a la madre diosa de los indígenas atrae a peregrinos de todas partes del país. Los grupos de peregrinos, encabezados por autobuses adornados con flores y papel multicolor que inundan los caminos a principios de diciembre, son una muestra patente de esta devoción. Sólo los enfermos e inválidos no caminan y van a bordo de los vehículos. Todos llegan al santuario antes del amanecer del 12 de diciembre para dar serenata a la imagen sagrada de la virgen. De acuerdo con la leyenda, esta imagen se plasmó en el sayal de un indígena, con lo cual Dios quiso subrayar la importancia que le asigna a los naturales mexicanos. La virgen de Guadalupe ha sido a través de los siglos sinónimo de mexicanidad. Bajo la bandera guadalupana, Hidalgo reunió al pueblo mexicano y lo incitó a luchar contra el dominio español. Hoy en día, la mayoría de los mexicanos ve en la virgen de Guadalupe un símbolo de esperanza y de consuelo que trasciende la religiosidad.

Podría decirse que México es la metrópoli más grande del mundo. Si bien no es tan extensa como Los Angeles, ni tiene una densidad de población como la de Hong Kong, sí es la ciudad con mayor población en el mundo. No es posible dar una cifra exacta del número de inmigrantes que llegan cada día, pero se afirma que la población sobrepasa los quince millones.

También podría afirmarse que la capital mexicana es una de las metrópolis más contaminadas, donde los factores geográficos agudizan el problema. Aunque la proporción de automóviles por habitante, así como el número total de vehículos automotores, es menor que en muchas ciudades de Estados Unidos, la renovación del aire es lenta debido a la altitud y a las cordilleras que rodean el valle y que impiden la salida de los agentes contaminantes.

La contaminación del aire es sin duda el problema ecológico más crítico de la capital. Otros son la basura, la lluvia ácida y la falta de agua potable. Ya desde el siglo XVIII los científicos habían expresado su preocupación por el medio ambiente (José Antonio Alzate manifestó sus temores respecto al proyecto de vaciar los lagos en el río Tula), pero sólo hasta fechas recientes se ha visto una preocupación por el problema. Hoy, todos están de acuerdo en la necesidad de tomar medidas definitivas para evitar una catástrofe. Sin embargo, pese a las disposiciones establecidas, la magnitud del problema —casi tan grande como la metrópolis misma— dificulta las soluciones a futuro.

Conforme a la mitología azteca, nuestro mundo fue precedido por otros cuatro, cada uno regido por un sol cuyo nombre presagiaba su destrucción. Así, la vida en el mundo regido por el Sol Jaguar fue destruida por hordas de felinos. Nuestra era, bajo el dominio del Quinto Sol, será destruida por un terrible terremoto. La profecía casi se cumplió en 1985, cuando un temblor de gran intensidad sacudió a la capital. Ante la irreparable pérdida de vidas humanas y la destrucción de edificios, los capitalinos comprendieron de pronto que no podían posponer más la solución de los problemas urbanos. Ahora, tras un frío análisis de las causas que llevaron al crecimiento desenfrenado, los mexicanos toman a la ciudad de México como el parámetro para evaluar la gravedad de sus problemas. Pero no debe cundir el desánimo, pues ya lo dice otra profecía azteca: "Mientras exista el mundo, no habrá fin a la gloria y fama de México-Tenochtitlan."

El Angel de la Independencia, en el Paseo de la Reforma.

El Paseo de la Reforma, una elegante avenida de la capital.

Un mercado sobre ruedas se prepara para un día concurrido.

El centro histórico de la capital, construido sobre las ruinas de Tenochtitlan. ▶

Fuente inspirada en los mitos prehispánicos, de Diego Rivera.

Escultura al aire libre entre los pedregales volcánicos de la Universidad Nacional.

El castillo de Chapultepec, rodeado por el parque del mismo nombre.

Las jaulas de los felinos, en el zoológico de Chapultepec.

Modernas unidades habitacionales rodean la pirámide azteca y la iglesia colonial en Tlatelolco.

El Palacio de Bellas Artes, a un costado de la Alameda.

La Catedral Metropolitana y el Palacio Nacional en el Zócalo. ▶

Celebración del 12 de diciembre en el sagrario de Guadalupe.

Escultura de Alexander Calder, en la explanada del Estadio Azteca.

# LA COSTA DEL PACIFICO

## Playas doradas

La costa del Pacífico mexicano, que comprende 1 700 kilómetros desde Mazatlán hasta el istmo de Tehuantepec, presenta un paisaje diverso de bahías poco profundas, playas de arenas doradas y laderas que se desploman en el mar. Además, tiene un clima privilegiado, donde el sol brilla nueve de cada diez días durante todo el año.

La historia marítima de estas costas, si bien no dejó testimonios perdurables, es de importancia mundial. Cristóbal Colón cruzó el Atlántico en 1492 con la esperanza de restablecer el comercio de especias con el Lejano Oriente por medio de una nueva ruta hacia el poniente. Los exploradores que lo siguieron no estaban menos conscientes de las ventajas que ofrecería el descubrimiento de semejante ruta. Años después, la conquista del imperio azteca le permitió a Hernán Cortés enviar expediciones a la costa suroeste de México, donde los españoles pretendían establecer un astillero. Pronto abandonaron el puerto primitivo en la desembocadura del río Balsas por

un nuevo sitio en Santa Lucía, una bahía amplia y bien abrigada donde ubicaron el astillero, junto a un poblado indígena llamado Acapulco.

Así se inicia la historia moderna del que fuera el puerto más importante del Pacífico durante los siglos XVI al XVIII. De Acapulco partieron los soldados que Cortés envió para apoyar a Pizarro, cuando este último se disponía a conquistar Perú. Asimismo, la búsqueda de un canal interocéanico y la necesidad de contar con cartografías del litoral noroccidental de América promovieron expediciones que partían desde Acapulco hasta el estrecho del Príncipe Guillermo en Alaska, donde los nombres de Puerto Valdez y Pico de Córdoba son testimonio de la presencia de exploradores españoles.

En 1559, el rey Felipe II de España ordenó la conquista del archipiélago que ahora lleva su nombre. La flota que zarpó hacia las islas, encabezada por Andrés de Urdaneta, fraile agustino y aventurero veterano, también debía registrar los

La aurora perfila las escarpadas costas de Michoacán.

vientos que facilitarían el viaje de las Filipinas a Acapulco. Urdaneta trazó una ruta por el norte que lo llevó a la bahía de San Francisco. Sus observaciones sirvieron para escribir el primer libro sobre navegación en el mundo, impreso en la capital mexicana en 1587.

Durante doscientos cincuenta años más, los galeones españoles cruzaron la ruta que unía a Europa con el Oriente. La flota armada partía de Acapulco, cargada de cochinilla y moneda mexicana de plata —hasta principios de este siglo la moneda más apreciada en China— y volvía con marfil, seda, especias y porcelana. Atraídos por la riqueza del Oriente, los piratas europeos desafiaban el tormentoso estrecho de Magallanes para atacar a las embarcaciones españolas cuando éstas se aproximaban a las costas mexicanas.

Pese a su situación estratégica entre dos océanos, México perdió su tradición marítima al retirarse la flota española, como resultado de la decadencia del poderío español. La costa del Pacífico permaneció prácticamente virgen hasta tiempos muy recientes. Hoy, estas playas son sinónimo de descanso y esparcimiento, si bien la fiebre amarilla, la malaria y el tifo eran enfermedades endémicas hasta principios de este siglo. Al ver los grandes y lujosos hoteles que hoy se encuentran en sus playas, parece imposible que hasta los años cincuenta estas hermosas costas estuvieran desiertas; sólo había unos cuantos pueblos de pescadores.

No obstante su relativo aislamiento, estos pequeños poblados esparcidos a lo largo de las costas del Pacífico siempre han tenido una participación activa en el comercio. Los cultivos tropicales como la caña de azúcar, el arroz y el aguacate, esenciales para la cocina tradicional mexicana, se vendían en los mercados del altiplano junto con los chiles y el maíz de las regiones templadas. El comercio se mantuvo pese a los peligros que implicaba la travesía de la Sierra Madre del Sur. Ya en el siglo XVII, Francesco Gemelli, soldado y aventurero italiano, mencionaba en su diario el camino que cruzaba las montañas y los peligrosos vados, plagados de mosquitos. Comenta que, al acercarse a su destino: "La nieve cayó tan espesa que para la mañana había cubierto por completo mi manta; se pueden imaginar cuan cálida noche pasé." Gemelli tardó diez días en llegar de Acapulco a la ciudad de México, viaje que hoy se hace en sólo treinta minutos de vuelo.

Al extremo inferior del litoral del Pacífico, y separado del país por una barrera de escarpadas montañas y valles profundos, se encuentra Oaxaca, un estado que ilustra las contradicciones y contrastes de México. Su geografía comprende tanto valles fértiles como tierras erosionadas; las mujeres de Tehuantepec mantienen un matriarcado incuestio-nable en un país de machismo ancestral; y pese a ser uno de los estados más pobres del país, Oaxaca tiene una riqueza étnica, cultural y artesanal inigualable.

La diversidad cultural de Oaxaca persiste hasta nuestros días; muestra de ello es la variedad de lenguas que ahí se hablan, entre ellas el chinanteco, chatino, mazateco, popoloca, amuzgo, mixteco, zoque, chol, zapoteco, mixe, huave y náhuatl. Los zapotecas —grupo étnico que destacó por su orfebrería ceremonial, incomparable entre las culturas prehispánicas de México— habitaron durante más de mil años la ciudad de Monte Albán, ahora en ruinas. Incluso hoy, los textiles y la cerámica, la joyería y los muebles oaxaqueños, gozan de fama internacional por su perfección técnica y estética.

Durante la Colonia, la inexistencia de yacimientos importantes de plata y las dificultades para transportarse a través de un terreno accidentado, mantuvieron a Oaxaca al margen de la vida nacional. Sin embargo, en la segunda mitad del siglo XIX, la política nacional estuvo dominada por dos oaxaqueños ilustres: Benito Juárez y Porfirio Díaz. Durante su gestión como presidente, Juárez fue obligado por el ejército francés a trasladar su gobierno a la ciudad fronteriza de Paso del Norte, hoy Ciudad Juárez, en 1863. Su perseverancia y valor contribuyeron a la caída de Maximiliano I, emperador protegido por los franceses, y a la expulsión del ejército invasor. Juárez regresó a la capital en calidad de héroe. Díaz, general conocido por su arrojo en contra de los franceses, llegó al poder con la promesa de consolidar los logros de Juárez, aunque su gobierno se convirtió en dictadura, y culminó con la Revolución de 1910. Condenado a la ignominia histórica, Díaz pasó sus últimos días en París.

Si bien Porfirio Díaz se percató de la necesidad de modernizar la economía mexicana, persiguió este fin a expensas de la igualdad social. Los dilemas recientes de México han hecho de nuevo patente el problema de la modernización. Una estrategia para la renovación económica es desarrollar el turismo, ya que es una fuente importante de divisas. Por consiguiente, se han construido varias zonas turísticas a lo largo de la costa del Pacífico en Mazatlán, Puerto Vallarta, Manzanillo, Ixtapa-Zihuatanejo y, en fechas recientes, Huatulco.

Por otra parte, los impresionantes logros del Oriente en el mercado mundial han revivido la idea de comerciar con esta región. Es probable que vuelva a prosperar el comercio en los puertos del Pacífico mexicano y que nuevamente se unan las costas de la cuenca del Pacífico, recordando los días gloriosos de los galeones españoles.

Caleta, playa de aguas tranquilas, es una de las más visitadas de Acapulco.

Luna llena sobre Acapulco y la bahía de Santa Lucía.

El fuerte de San Diego preside la llegada de un trasatlántico en Acapulco.

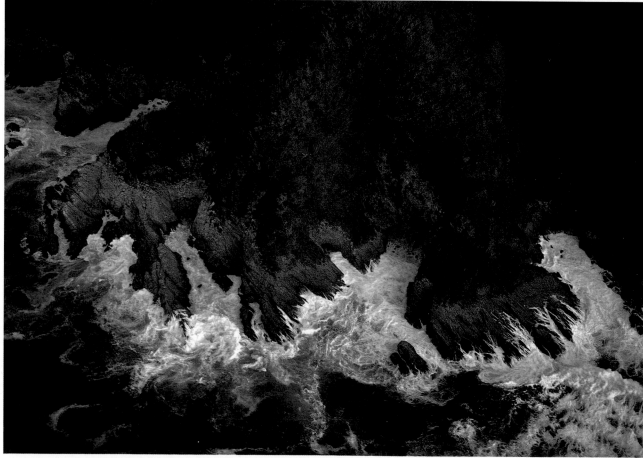

Barco pesquero varado en las arenas de Barra de Navidad, Jalisco.

Olas imponentes rompen sobre las rocas de la costa de Jalisco.

Panorámica de la caleta de Campos, en Michoacán, con el faro de Pitutina.

El valle de Oaxaca en una tarde despejada.

El Volcán del Fuego, en actividad, y el Nevado de Colima, en extinción, Jalisco.

La acrópolis de Monte Albán, con una vista panorámica del valle de Oaxaca. ▶

Una bugambilia adorna el atrio de una iglesia en medio del valle de Oaxaca.

Campos de jamaica en flor a lo largo de la costa de Guerrero.

Las palmeras y la tierra rojiza son características de Tierra Caliente, en Oaxaca.

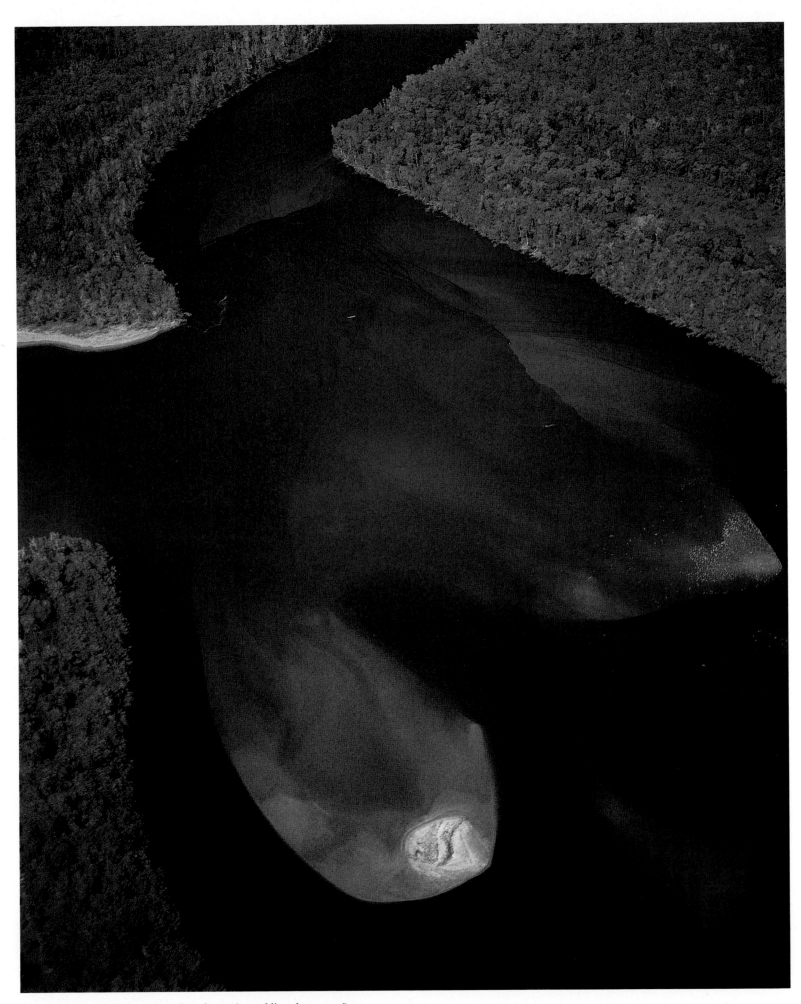

Bancos de arena en la desembocadura de un río en el litoral oaxaqueño.

Docearo hoyo, junto al mar, en el campo de golf de Las Hadas, Manzanillo.

Yate con el viento en popa en la costa de Mazatlán.

Centro turístico de Las Hadas, en Manzanillo, de arquitectura estilo morisco.

Puerto Vallarta, en la costa de Jalisco.

Casa de playa en los riscos de Careyes, Jalisco.

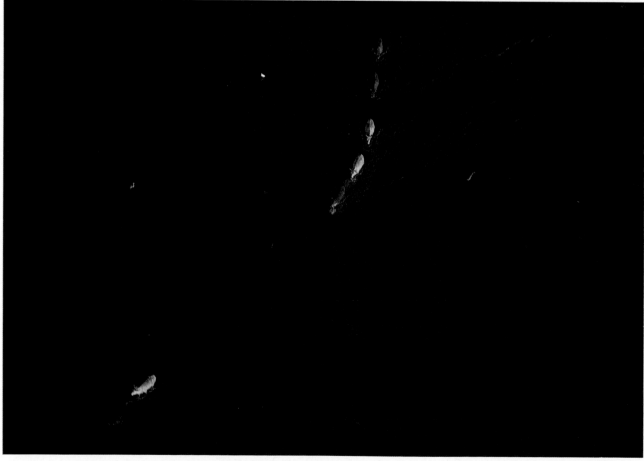

Mexcaltitán, isla que quizá fue el primer hogar de los aztecas.

Las vacas recorren un camino inundado de regreso a Mexcaltitán.

Manglares cerca de San Blas, en Nayarit.

Puerto Escondido, pueblo de pescadores en Oaxaca.

Puerto de Mazatlán.

# EL NORESTE

Desde las ciudades de plata hasta el río Bravo

El paisaje del norte de México es más bien árido. Esta región está ubicada en la gran franja desértica que rodea al globo terráqueo al norte del Trópico de Cáncer. Los pobladores prehispánicos eran tribus nómadas que vagaban por las estepas en pequeños grupos; pocas veces fundaron asentamientos permanentes, ya que desconocían el riego en gran escala. Los primeros europeos que exploraron la zona se encontraron con tribus sumamente belicosas, y sus esfuerzos iniciales por dominarlas fueron infructuosos.

Pese al clima y los pobladores inhóspitos, los conquistadores perseveraron en su esfuerzo por colonizar este rincón árido del imperio español, ya que estaban convencidos de encontrar metales preciosos. El descubrimiento de ricas vetas de plata en las montañas de Zacatecas impulsó a varios grupos de gambusinos a probar fortuna en el norte. Durante los trescientos años de dominio español, sólo la determinación de los pobladores europeos de sobrevivir al clima, de arrancar al suelo sus riquezas minerales y de sojuzgar a las tribus indí-

genas con quienes luchaban por el dominio de la tierra, permitió la vida en esta región.

La colonización fue lenta. Si bien el suelo prometía grandes bondades, los gambusinos padecieron graves problemas derivados del clima y las incursiones de los nativos. Muchos carecían de experiencia en la minería y no podían juzgar ni la calidad ni la cantidad de los minerales que reclamaban. De hecho, la plata que extraían por lo general era poca, lo cual hacía la explotación muy costosa. A mediados del siglo XVI, el descubrimiento del azogue para el beneficio trajo un auge pasajero a la minería de plata en gran escala. Sin embargo, la industria minera pronto volvió a contraerse ya que la corona española redujo la producción de azogue y elevó el precio excesivamente.

La situación comenzó a cambiar alrededor de 1750, cuando la minería logró un grado de organización bastante avanzado, en parte debido a la introducción de leyes españolas que apoyaban y regulaban el comercio de plata, y en parte por la fundación del Real Colegio de Minería, que preparaba

Real de Catorce, pueblo minero abandonado en las colinas Panzón de Plata.

ingenieros y geólogos. En 1800, México abastecía dos terceras partes de la producción mundial de plata. El barón de Humboldt, científico alemán que viajó por tierras mexicanas, estimó que "la manufactura anual de plata del conjunto de todas las minas de Europa no ocuparía a la Casa de Moneda mexicana por más de quince días".

A lo largo de las veredas que se desprendían del camino sinuoso que iba desde el centro de México, a través del río Bravo, hasta Santa Fe, Nuevo México, se formó una red de campamentos mineros. Algunos, ubicados en caminos secundarios de esta "ruta de la plata" se convirtieron más tarde en 2iudades, como San Luis Potosí o Saltillo. Otros, como Real de Catorce, acabaron en pueblos abandonados, al extinguirse las vetas, o al dejar de ser rentables.

Los beneficios aparentes de la plata a la larga perjudicaron tanto a España como a México. España agotó sus riquezas sin haber impulsado la industrialización y, al rezagarse del progreso mundial, sucumbió ante el estancamiento económico y los disturbios sociales. En México, la riqueza se concentró en tal forma en manos de la aristocracia local que Humboldt comentaba a principios del siglo XIX que México era "la tierra de la desigualdad".

No todos los españoles mostraron sentimientos de avaricia ni de superioridad de raza frente a los indígenas. El deseo de los misioneros cristianos de salvar almas también tuvo un papel importante en la historia de la región. A principios del siglo XVIII, los frailes franciscanos de la comunidad de Zacatecas iniciaron una campaña sistemática de evangelización y asentamiento de indígenas. Penetraron hasta los lugares más recónditos de los territorios del norte de la Nueva España, y exploraron las tierras desocupadas aledañas al río Bravo. Los frailes establecieron una cadena de misiones a lo largo del río, que era prácticamente la única fuente para el abasto de agua de la región. Con el tiempo, la mayoría de estas misiones sucumbió a la sequía, a las plagas o a las incursiones de los indígenas. San Antonio, Texas, es una de las pocas ciudades que fue misión franciscana y sobrevivió a todas las adversidades.

Después de la guerra con los Estados Unidos, en 1847, México perdió gran parte de sus territorios al norte, y se designó al río Bravo —o Grande, como se le llama en Estados Unidos— como la frontera. Si bien ambos países tuvieron desde el inicio destinos culturales y económicos muy distintos, los problemas que han mantenido alejados a sus gobiernos no han impedido el desarrollo de una subcultura regional entre los habitantes de la zona fronteriza. Cada vez se ha vuelto más evidente un estilo de vida que trasciende las diferencias. El rasgo más claro de intercambio cultural es la lengua, que combina vocablos del español y del inglés, aunque también en la cocina se puede apreciar este intercambio: los ingredientes mexicanos dan sazón a los platos tradicionales norteamericanos.

Los habitantes del noreste de México se caracterizan por ser emprendedores y francos. Para el resto de los mexicanos, con quienes la naturaleza ha sido más generosa, no es fácil comprender su tendencia a la frugalidad —reacción natural frente a la aridez de su entorno. No obstante, el desarrollo industrial de la ciudad de Monterrey es un ejemplo claro de esta iniciativa para los negocios: fundada en 1596 en las faldas de la Sierra Madre Oriental, fue hasta fines del siglo XIX una pequeña comunidad fronteriza, pero hoy ocupa el tercer lugar en población del país, y es el centro industrial más pujante de México.

Según las leyendas locales, Monterrey debe su transformación a una cervecería. Como las cervezas requerían de botellas, se instaló una fábrica de vidrio; las botellas necesitaban corcholatas, y pronto se establecieron plantas siderúrgicas; las indispensables cajas para transportar las cervezas condujeron al establecimiento de una fábrica de cartón y, de esta manera, la revolución industrial llegó a Monterrey.

La estabilidad política de principios de siglo, la construcción de ferrocarriles hacia el mercado estadounidense en expansión, y la llegada de la inversión extranjera, fueron los factores principales que determinaron la posición de Monterrey como centro comercial moderno. En la actualidad, las fábricas regiomontanas representan casi veinticinco por ciento de la producción industrial del país y algunas de sus empresas figuran entre las primeras quinientas en el mundo, de acuerdo con la revista *Fortune*.

Las condiciones del entorno ya no inhiben el progreso en el noreste de México. Los yacimientos de hierro y las minas de carbón —impulsores del desarrollo industrial— han sustituido a la industria de la plata. Gracias al riego han aumentado las superficies cultivables, que producen grandes cantidades de sorgo, frutas cítricas, uvas y algodón. La herramienta agrícola moderna ha permitido el cultivo de terrenos antes estériles, en los que los implementos manuales apenas lograban arañar la superficie.

Pese al progreso económico de la zona, la diferencia entre México y Estados Unidos se insinúa constantemente en el entorno cultural, sobre todo a lo largo de la frontera formada por el río de dos nombres. Cabría preguntarnos si la presente época industrial dejará a las generaciones futuras un legado estético de valor comparable a la majestuosa arquitectura colonial, o si la herencia de nuestro tiempo será el folklore, la lengua y el arte culinario de la frontera.

Desembocadura del río Bravo en el Golfo de México.

El Cerro de la Silla domina el horizonte de la ciudad de Monterrey.

Pueblo campesino en los llanos de Zacatecas.

La Quemada, asentamiento prehispánico en Zacatecas.

Nacimiento de la Sierra Madre Oriental, Nuevo León.

Campo de futbol encajonado entre los muros de una fábrica en Monterrey.

El gusto de los mexicanos por los colores se manifiesta en el pueblo minero de Fresnillo, Zacatecas.

Declives de piedra arenisca en la sierra del Carmen, en Coahuila.

Cielo crepuscular reflejado en una charca, Zacatecas.

La ciudad minera de Zacatecas está construida alrededor de una catedral barroca. ▶

Barcos camaroneros tradicionales en la Laguna Madre.

Un banco de arena de 160 kilómetros separa la Laguna Madre del Golfo de México.

# EL NOROESTE

Tierras áridas y revolución

El paisaje del noroeste de México es accidentado, vasto, imponente. A diferencia del camino ascendente y escalonado desde la llanura costera oriental hasta el altiplano central, el ascenso abrupto del mar de Cortés a las tierras altas del noroeste parece más bien una muralla escarpada. Sólo un camino pavimentado y un ferrocarril de vía única atraviesan la pronunciada pendiente que cruza la Sierra Madre Occidental uniendo las tierras del interior con la costa del noroeste. La geografía de la región presenta contrastes marcados; en algunas partes, la sierra se eleva a más de 3 000 metros sobre el nivel del mar mientras que en otras, como en la Barranca del Cobre, desciende a profundidades abismales, mayores incluso que las del Gran Cañón. Las llanuras del noroeste también constituyeron barreras formidables para los asentamientos humanos. 240 kilómetros al sur de la frontera con el estado de Arizona, las tierras de riego de la llanura costera desaparecen en el

desierto de Altar, cuya superficie es de 12 000 kilómetros cuadrados.

Además del terreno inhóspito, la mera extensión del noroeste —el estado de Chihuahua, que comprende menos de la mitad de la región, tiene una superficie mayor que la de Gran Bretaña— es una barrera a la comunicación con el resto del país.

La escasez de agua fue un obstáculo para que los primeros habitantes construyeran asentamientos permanentes. Sin embargo, durante la primera mitad del siglo XIII, un pueblo bien planificado floreció en el valle del río Casas Grandes. La exploración arqueológica de las ruinas ha demostrado que el sistema de riego que rodeaba el pueblo también servía para conducir agua a las viviendas a través de una serie de canales subterráneos. Las construcciones de Casas Grandes se disponían alrededor de patios abiertos y alcanzaban alturas de hasta cinco pisos. Las paredes de barro se levantaban

Barranca del Cobre, en Chihuahua.

utilizando una técnica similar a la que hoy día se usa en la construcción de los modernos edificios de concreto. Para finales del siglo XV, cuando Cristóbal Colón cruzaba el Atlántico, sólo pequeños grupos de cazadores, que desconocían la civilización que los había precedido, habitaban el sitio.

Alvar Núñez Cabeza de Vaca llegó a Casas Grandes alrededor de 1535, tras haber escapado de manos de los indígenas que lo habían capturado después de un intento fallido de conquistar la Florida en 1527. Junto con tres compañeros que también lograron escapar, Cabeza de Vaca cruzó desde Luisiana hasta lo que hoy es Chihuahua, donde fue rescatado por una expedición española. Sus relatos, que incluían su recorrido por el noroeste de México, animaron a otros aventureros a explorar la región.

Uno de ellos, Francisco de Ibarra, tenía 16 años cuando realizó su primera expedición. Durante sus viajes, descubrió depósitos de plata, fundó poblados y sometió a diversas tribus al dominio español. Ibarra encontró que la negociación era un método de pacificación más eficaz que la espada. Debido a su habilidad para someter a los indígenas, Ibarra fue designado gobernador de la Nueva Vizcaya, una vasta región que comprendía no sólo los estados actuales del noroeste de México sino también Arizona, Nuevo México, Nevada y California en los Estados Unidos.

El padre Eusebio Kino, seguidor del ejemplo de Ibarra, renunció a su trabajo como maestro en su provincia natal del Tirol para dedicarse a la evangelización de indígenas en los desiertos de Sonora y el sur de Arizona. Alrededor de 1690, el misionero jesuita atravesó a pie la llanura costera del noroeste y cruzó el mar de Cortés para explorar la costa oriental de la península de Baja California. Gracias a su facilidad para aprender diferentes lenguas indígenas, el padre Kino logró fundar una serie de misiones entre las tribus pima. Asentó a los indígenas cristianizados en comunidades alrededor de las misiones, con el fin de que aprendieran no sólo el evangelio sino las técnicas de la cría de ganado. Sin embargo, los apaches, enemigos tradicionales de los pima, incursionaron en las misiones y se apoderaron de los caballos que los jesuitas habían llevado a la región para facilitar las labores agrícolas.

En su afán por descubrir yacimientos de plata y convertir a los indígenas al cristianismo, los colonizadores enfrentaron innumerables privaciones, así como los problemas que surgieron entre ellos.

A lo largo del siglo XIX, el destino de Sonora dependía de caudillos locales más que de autoridades gubernamentales en la ciudad de México, donde se inventaban historias fantásticas sobre aquellas lejanas tierras. Animado por estas narraciones, el conde Raousset-Boulbon, soldado y aventurero francés, viajó al noroeste en busca de montañas de plata maciza. Al frente de unos cuantos mercenarios que había reclutado en los muelles de San Francisco, invadió Sonora y proclamó su independencia bajo su dominio personal. Las fuerzas locales resistieron el primer ataque y posteriormente capturaron y fusilaron al invasor quien murió convencido de la existencia de tierras rebosantes de metales preciosos.

En 1910 estalló la Revolución después de un prolongado y extendido conflicto entre las diversas capas de la sociedad mexicana. Fue iniciada por Francisco I. Madero, quien encabezó la lucha apoyado principalmente por grupos campesinos. Pancho Villa se unió a Madero y fue una de las figuras sobresalientes de la guerra revolucionaria en el norte del país. Años después, un grupo de generales del noroeste —incluidos Alvaro Obregón, Plutarco Elías Calles y Abelardo Rodríguez— puso fin a las sublevaciones que siguieron afectando al país hasta finales de la década de los años veinte. Los tres llegaron a la presidencia de la república y sentaron las bases del sistema político aún vigente en el país.

La ciudad fronteriza de Ciudad Juárez, separada de El Paso, Texas, por el río Bravo, ha tenido un desarrollo económico espectacular durante los últimos años, debido sobre todo a la industria maquiladora. Esta ha instalado plantas ensambladoras de aparatos electrónicos y ropa, entre otras, y beneficia tanto a México como a su vecino del norte: los obreros mexicanos obtienen trabajo en una zona con altos índices de desempleo mientras que los empresarios estadounidenses elevan sus ganancias al contratar mano de obra barata y no tener que invertir en maquinaria costosa. A lo largo del decenio pasado la actividad de las maquiladoras aumentó rápidamente dando una prosperidad repentina a muchas ciudades fronterizas.

El siglo pasado se inició la construcción de un ferrocarril que uniría las mesetas altas del noroeste con el mar de Cortés. El reto de atravesar la Sierra Madre Occidental fue tan formidable que los ingenieros ferroviarios tardaron casi cien años en concluir el proyecto. Desde el aire, las vías se asemejan a nudos de acero colocados al azar sobre las imponentes montañas. El que esa magna obra realizada por el hombre parezca tan insignificante acentúa la grandeza del paisaje natural. Se afirma que los habitantes del noroeste son rudos e impetuosos, características sin duda heredadas de sus antepasados, quienes debieron enfrentarse a la soledad y a las adversidades de la naturaleza. Hombres y mujeres menos arrojados jamás hubieran sobrevivido a los rigores de las montañas, desiertos, barrancas y llanuras del noroeste.

Un arroyo infunde vida a tierras salobres en la bahía de Altata, en Sinaloa.

Trigales cultivados por los menonitas, en Chihuahua.

Una antigua hacienda con su capilla, en las llanuras de Chihuahua.

Rocas de Lumbre, en Chihuahua. ▶

El nacimiento del río Conchos, Chihuahua.

Los matices de otoño inundan los bosques de abedul en Chihuahua.

Ruinas de Casas Grandes, antigua ciudad construida con barro en el desierto de Chihuahua.

Los modernos edificios han cambiado la fisonomía de la antigua Chihuahua.

Ferrocarril con destino a Ciudad Juárez cruza las llanuras de Chihuahua.

Pelícanos en la presa Abelardo Rodríguez, en Hermosillo, Sonora.

Iglesia tarahumara en Chihuahua.

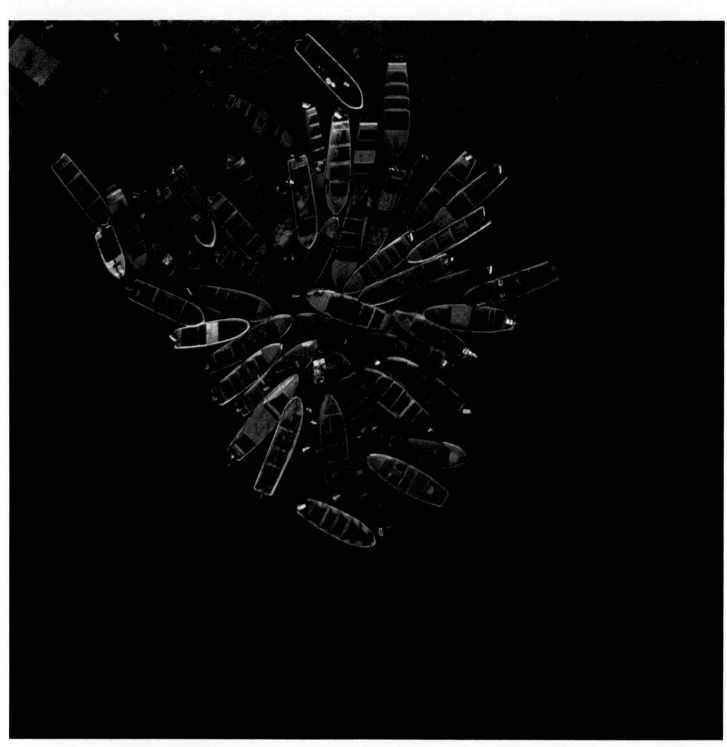

Barcos pesqueros anclados a una boya en Puerto Peñasco, Sonora.

El estrecho de Infiernillo separa la isla Tiburón de la costa sonorense.

Volcán en extinción en el parque nacional Cerro del Pinacate, Sonora.

Los crestones volcánicos en el desierto de Altar arden a la luz de la mañana.

Salto de Basaseáchic, en las montañas de Chihuahua.

La sierra del Nido rompe las planicies de Chihuahua.

# BAJA CALIFORNIA

## Hermosura hostil

**BAJA CALIFORNIA NORTE**

GOLFO DE CALIFORNIA

OCEANO PACIFICO

**BAJA CALIFORNIA SUR**

L a península de Baja California es una de las regiones más apartadas del continente americano, aunque se encuentra al sur de una zona densamente poblada. La escasez de asentamientos humanos no puede atribuirse a la lejanía o inaccesibilidad del lugar, ya que ningún punto de su territorio dista más de 65 kilómetros de la costa. Tampoco puede atribuirse a la falta de incentivos materiales, ya que la sierra que corre de un extremo a otro de la península —con una longitud de 1 200 kilómetros— ha atraído a numerosos aventureros y gambusinos en busca de vetas minerales cuyo potencial es tan grande como el de cualquier otra zona de México.

Es probable que el aislamiento de Baja California se deba más bien a su clima, hostil a los asentamientos humanos. Los extremos norte y sur tienen una temporada de lluvias pero, en el resto de la península, transcurren meses, hasta años, sin que caiga una gota. Las escasas lluvias se precipitan en tormentas que se desvanecen con la misma rapidez con la que surgen. La virtual ausencia de agua inhibe el crecimiento de la

vegetación, lo cual, a su vez, impide la evolución de un suelo absorbente que pueda sostener una vegetación más abundante o evitar el rápido escurrimiento del agua al mar o a las lagunas saladas donde se evapora con gran rapidez, debido a la intensa radiación solar.

Sólo una cantidad mínima de esta agua es absorbida por las plantas que se han adaptado al medio, y que comprenden una gran variedad de cactos. Después de cada chubasco brotan innumerables retoños y el paisaje, normalmente parduzco, se engalana con flores de brillantes colores que, tras unos cuantos días de sol abrumador, pierden su lustre. Y todo vuelve a su habitual aspecto desolado. Las plantas y animales de la región están tan adaptados a las condiciones específicas de Baja California que algunas especies incluso dependen de ellas para sobrevivir.

Las fotografías tomadas por satélite muestran la sinuosa costa de Baja California sin rastros de neblina ni humedad, lo cual indica que se trata de uno de los lugares más

Bancos de arena en la bahía de Balandra, en Baja California Sur.

despejados del planeta. El intenso grado de calor evapora grandes cantidades de agua superficial del Golfo de California, que separa la península de tierras continentales. Para compensar por esta pérdida de agua, una corriente profunda entra al golfo desde el océano Pacífico. Esta agua fría, rica en sustancias nutritivas, favorece una de las zonas de pesca comercial más productivas de la costa mexicana. Más de la mitad de los recursos marinos del país provienen de esta región. Hay abundancia de abulón, sardina, atún, anchoa, camarón y lucio, especies que a su vez alimentan a un gran número de aves y animales únicos en las islas y costas del Golfo de California.

Otra riqueza inestimable de la zona es el legado de los grupos que emigraron a la península en tiempos prehistóricos: las pinturas rupestres más numerosas del mundo. Entre los cuatrocientos sitios descubiertos, sobresale la cueva de Santa Teresa, que cuenta con más de 500 metros cuadrados de murales. Todas las pinturas muestran el tema recurrente de la caza de animales cada vez más escasos. Hace unos ocho siglos, cuando se extinguieron las especies de caza mayor, la pintura rupestre perdió su utilidad. No obstante, los nativos seguían preocupados por los mismos problemas, y las narraciones de los primeros exploradores europeos describen la vida de los indígenas como una búsqueda constante de alimento.

En un principio, los navegantes españoles creían que la península era una isla y, debido a este error, le dieron el nombre de California, ya que estaban convencidos de que se trataba del reino fantástico de la reina Calafia, descrito en la popular novela medieval *Las sergas de Esplandián*. Los primeros informes sobre Baja California datan de 1533, cuando un grupo de marinos amotinados llegó a la punta sur de la península después de rebelarse contra su capitán, cuando iban en busca de un barco perdido en el Pacífico. El líder del grupo pereció a manos de los indígenas y el resto decidió volver a México, donde fueron aprehendidos por las autoridades españolas.

Al conocer este nuevo descubrimiento, Hernán Cortés envió una expedición con el propósito de establecer un poblado en la bahía de La Paz. Algunos integrantes de la expedición murieron de hambre, ya que el abasto de víveres era muy irregular y no podían vivir de la tierra, como los indígenas. El lugar pronto fue abandonado, pero Cortés envió otra expedición desde Acapulco para averiguar si Baja California era una isla. Uno de los barcos se perdió después de zarpar; los dos restantes cruzaron el Golfo de California, hasta llegar a la desembocadura del río Colorado, y regresaron por la costa occidental de la península. Ya de regreso, otro de los barcos se perdió en alta mar. El último llegó a Acapulco e informó a los españoles que Baja California no era una isla.

Las historias fantásticas de la reina Calafia perduraron, e incluso ciento cincuenta años después de estas expediciones, los mapas de Baja California la seguían representando como una isla. De acuerdo con la novela medieval, ejércitos de mujeres valerosas, ataviadas con doradas armaduras, impidieron a los hombres establecerse en el lugar. Existiera o no este ejército de amazonas, la "isla" resultó tan poco acogedora como la que habitaban las imaginarias enemigas de Esplandián. Durante un siglo, los únicos europeos que se refugiaron en la península fueron los piratas, al acecho de los galeones que viajaban de Oriente a Acapulco.

Los primeros asentamientos españoles que perduraron en la península fueron trece misiones jesuitas fundadas por algunos compañeros del padre Eusebio Kino hacia finales del siglo XVII. Aunque los jesuitas fueron expulsados de España y sus dominios en 1767, los poblados que fundaron sirvieron como base para las expediciones enviadas por el rey.

A principios del siglo XIX, los franciscanos fundaron otras trece misiones a lo largo de la costa occidental. Muchas ciudades norteamericanas se formaron a partir de estas misiones, entre ellas los tres puertos más grandes de California. Los exploradores encontraron un clima más benigno al norte de la bahía de Ensenada, y dieron a estas nuevas tierras el nombre de Alta California; desde ese momento, la península se llamó Baja California. Después de la guerra con los Estados Unidos (1845-1848), la Alta California, pasó a formar parte de ese país, mientras que la península permaneció como suelo mexicano.

El clima desértico y la proximidad del mar han creado un paisaje sorprendente por su belleza. La mayor parte de la península sigue deshabitada e ignota. En 1970 se terminó una carretera que recorre el accidentado terreno. En la actualidad, algunos lugares como La Paz o Cabo San Lucas están unidos al continente por un servicio regular de transporte aéreo y marítimo. Cada vez se realizan mayores inversiones para desarrollar la costa del Golfo de California, donde las arenas suaves, las aguas tranquilas y la abundancia de especies marinas son motivo suficiente para convertir la zona en un importante centro turístico. De esta manera, es posible que el siglo XX logre dejar en la última frontera de México la huella que ningún otro periodo de la historia pudo imprimir. Si se alcanza un equilibrio entre las perspectivas económicas y la ecología, de una belleza abstracta única en Baja California, el desarrollo de la península estará al fin a la altura de sus tentadoras y elusivas riquezas naturales.

La arena y la vegetación convergen en la bahía de Santa María.

Isla Espíritu Santo, Baja California Sur.

Sierra de San Lázaro, en la punta de la isla Magdalena.

Lanchas de pescadores al amanecer, en Cabo San Lucas.

Punta de tierra en Cabo San Lucas.

Granja aislada en la costa del Pacífico, en el norte de Baja California.

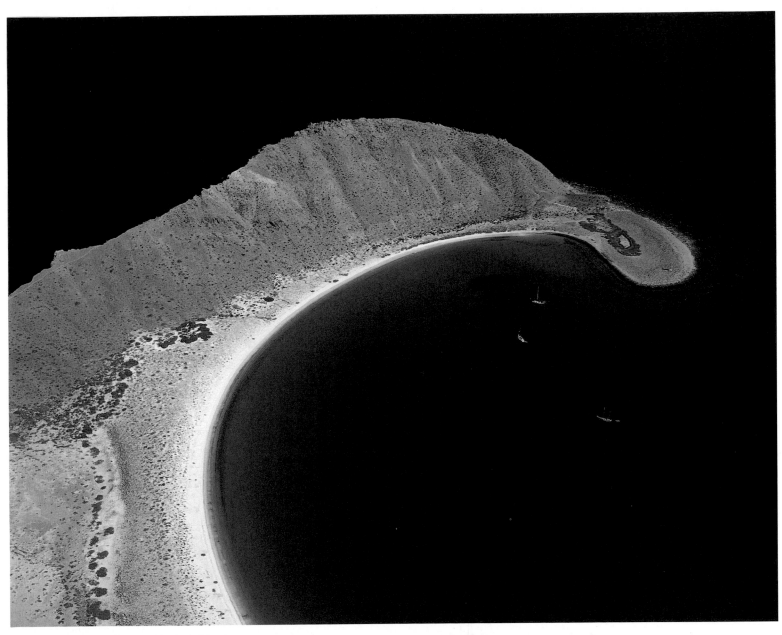

Isla San Francisquito, en el Golfo de California.

Tierras de cultivo en invierno en el Pacífico, Santo Tomás. ▶

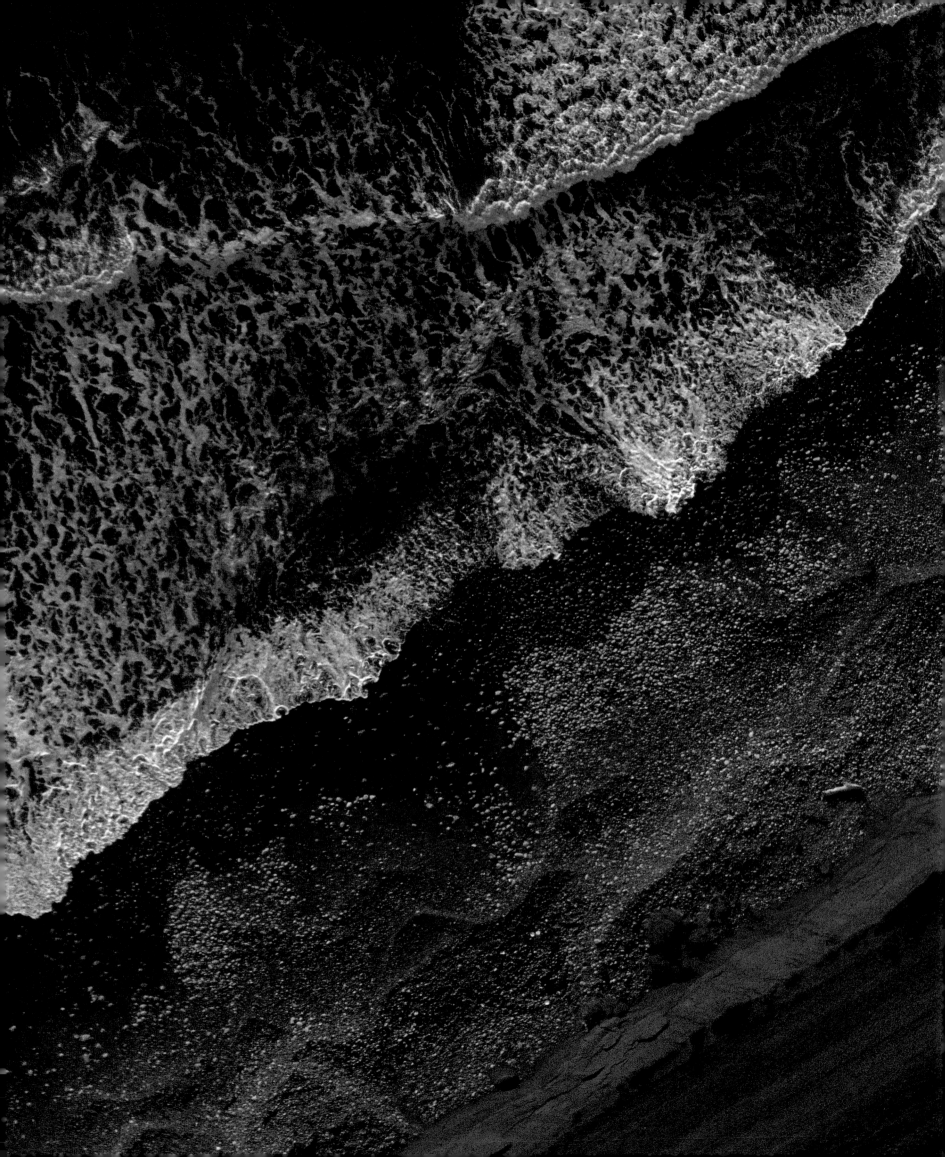

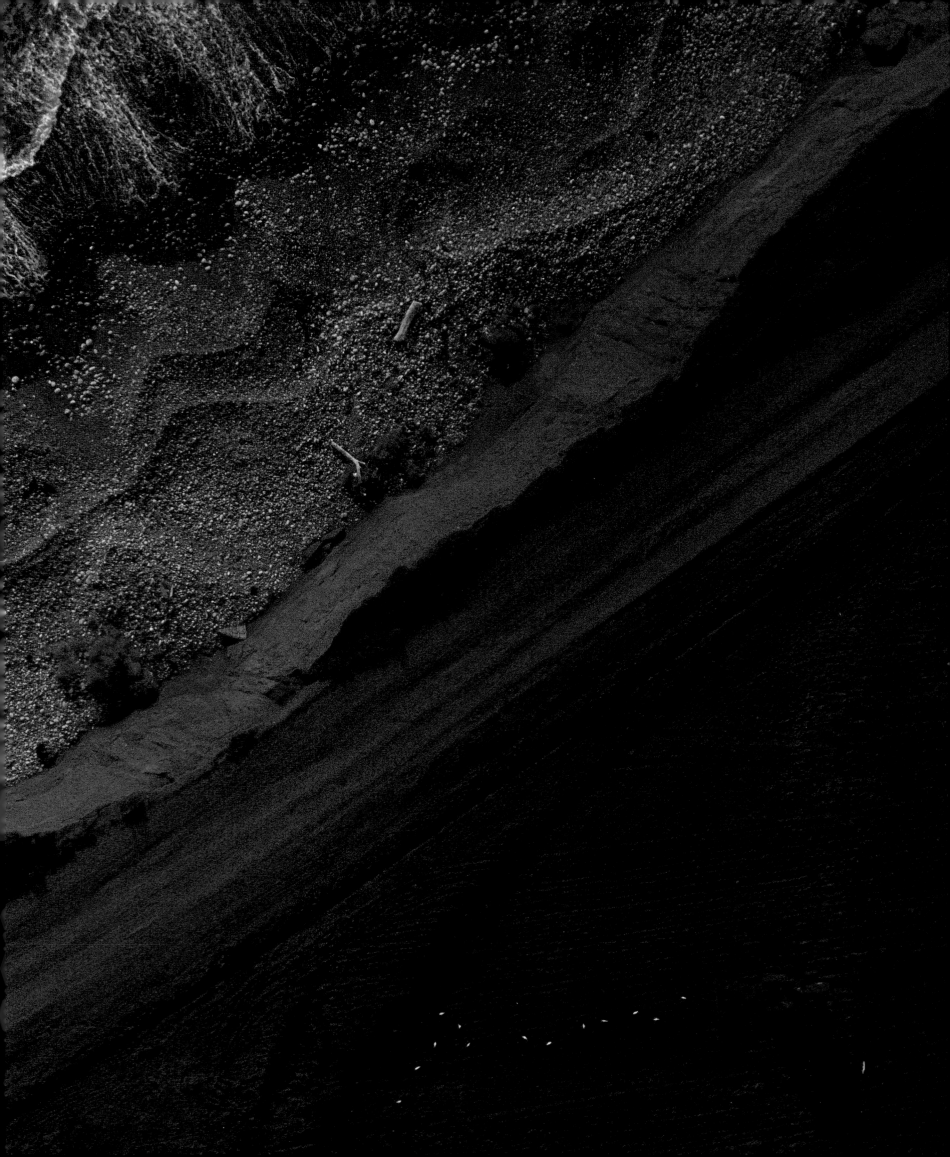

La evaporación forma figuras en la superficie de los saladares de la bahía de Vizcaíno.

Tractores excavan las minas de sal en Guerrero Negro.

Dunas arañadas por el viento junto a la laguna de Scammon.

Figuras delineadas por el agua en las ciénagas de Guerrero Negro.

Delta del río Colorado.

Atardecer sobre la bahía de la Concepción. ▶

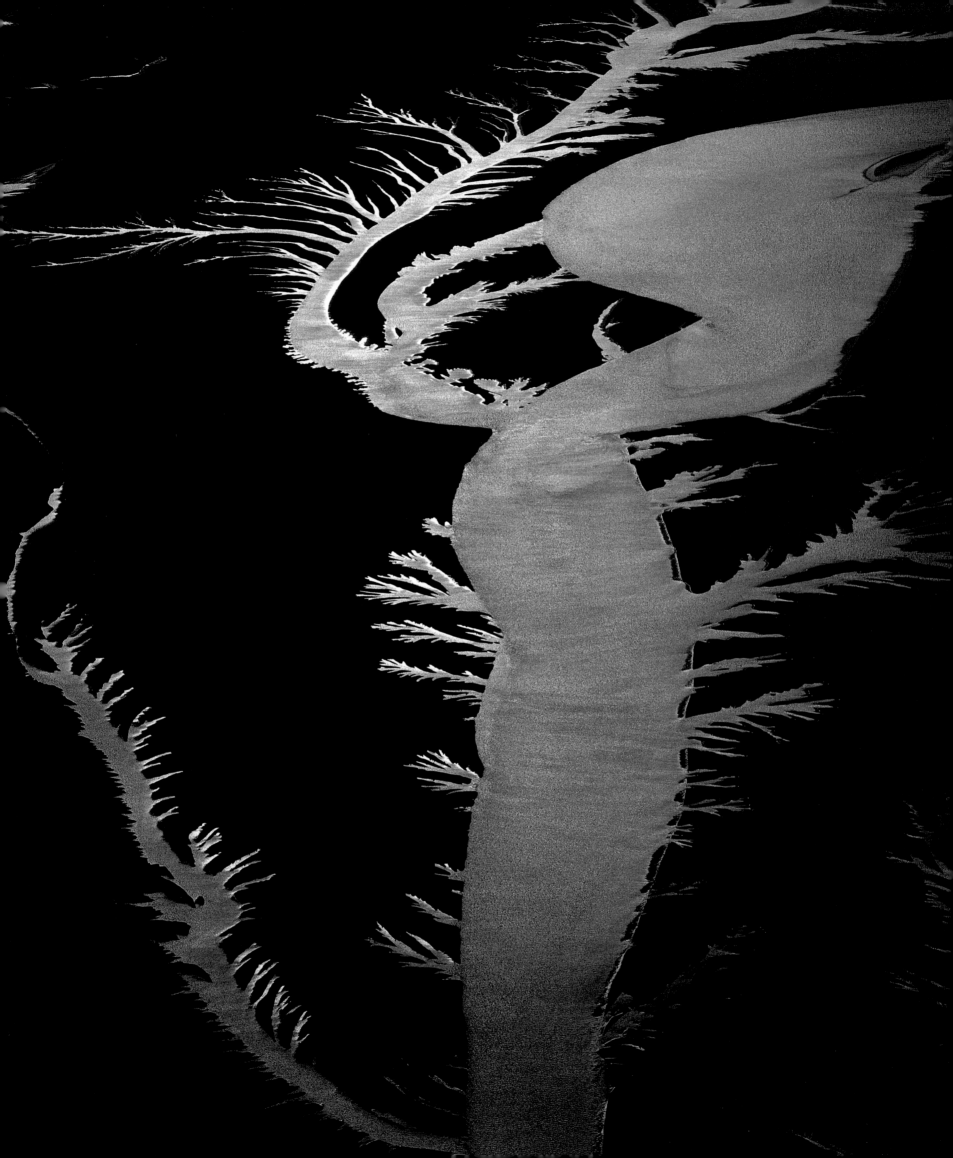

# INDICE DE FOTOGRAFIAS

fortuna de muchos hacendados durante las últimas décadas del siglo XIX. Debido a la necesidad de mano de obra barata, los terratenientes contrataban incluso personas del extranjero. Un hacendado chiapaneco recurrió a las islas Gilberto, en Polinesia, mientras que otro hacendado yucateco contrató trabajadores coreanos.

**42. Una tormenta se cierne sobre la isla del Carmen al atardecer.**
Las tormentas tropicales de verano en las costas mexicanas se conocen como huracanes, nombre derivado de la palabra *hurakan* (viento de gran fuerza y velocidad), adoptado por los españoles durante el siglo XVI.

**43. Pueblo tzotzil de San Andrés Larrainzar, Chiapas.**
Cada pueblo tzotzil tiene su estilo particular de vestir, que se distingue por la combinación de colores en los tejidos. No obstante, los motivos y figuras son muy similares y abundan en símbolos de fecundidad y del ciclo natural de la vida y la muerte. Algunos motivos se encuentran también en el vestido de las figurillas mayas prehispánicas.

**44/45. Uxmal, gran centro ceremonial maya.**
Fundada alrededor del año 400 de nuestra era, Uxmal rigió el noreste de Yucatán durante trescientos años. La pirámide de ángulos redondeados y los edificios bajos que rodean el patio son únicos. Se cree que la delicadeza de los relieves que adornan la fachada de estos últimos se debe a que estaban destinados a una orden de sacerdotisas; de ahí que hasta la fecha se les conozca como el "Cuadrángulo de las monjas", nombre dado por los españoles.

# LA COSTA DEL GOLFO

**46. El río San Pedro y San Pablo, en su sinuoso recorrido por los llanos de Tabasco.**
Este río, así como el Palizadas, son afluentes del Usumacinta, que se encuentra en el estado de Tabasco, al extremo sur de la costa del Golfo. Esta zona recibe la mayor cantidad de lluvias del país.

**49. Puesta de sol sobre el complejo petroquímico de La Cangrejera, en Veracruz.**
Debido a la gran inversión en instalaciones petroquímicas durante el auge petrolero de los setenta, México cuadruplicó su producción en menos de una década. Entre 1977 y 1987, la producción de derivados del petróleo —gasolina y gas natural— aumentó 33 por ciento. El complejo petroquímico de La Cangrejera, uno de los cuatro más grandes del mundo, incluye un total de 21 plantas.

**50. Arboles de primavera en flor en el llano costero de Veracruz.**

**51. El Salto, en la región huasteca de San Luis Potosí.**
Los ingleses construyeron las primeras plantas hidroeléctricas de México cerca de la costa del Golfo, con el propósito de aprovechar las abundantes cascadas de la región. Un ejemplo es El Salto, cuyas aguas, actualmente entubadas, se utilizan para impulsar las turbinas.

**52/53. Amanecer nublado cerca del Pico de Orizaba.**
Los pobladores prehispánicos lo llamaban Citlaltépetl, o Montaña de la Estrella. Este volcán, el más alto de México, con 5 747 metros de altura, se observa desde alta mar, y servía como punto de referencia a los barcos que navegaban en el Golfo durante los primeros días de la Colonia.

**54a. Plataforma de Pemex en la sonda de Campeche, a 60 kilómetros de la costa.**
A pesar de los recortes presupuestales y la reducción en el precio del petróleo, la compañía estatal ha seguido con sus proyectos de perforación, especialmente en la sonda de Campeche, donde se encuentran las mayores reservas; actualmente, éstas se calculan en 69 mil millones de barriles.

**54b. Veracruz, el puerto más antiguo del Golfo.**
Los astilleros, muelles y desembarcaderos del puerto dan servicio a los barcos que llegan, en tanto que el ambiente en la plaza principal hace de la ciudad un lugar favorito para los marineros. Las orquestas locales, los tríos con arpas y guitarras y el repiquetear de las fichas de dominó resuenan en el aire crepuscular. Los veracruzanos tienen fama de ser muy alegres. Como dijera James Norman: "La ciudad no ofrece ninguna joya arquitectónica, su arte es simplemente el arte de vivir."

**55. Muelle de tanques petroleros en el río Coatzacoalcos, Veracruz.**

**56. Ejemplo de arte autóctono en Cupilco, Tabasco.**
El relieve de la fachada representa el momento en que la virgen de Guadalupe imprimió su imagen en el sayal de Juan Diego. Aunque los cactos son plantas muy raras en las selvas húmedas de Tabasco, el artista tuvo buen cuidado de recordar que el milagro sucedió en el altiplano y colocó un cacto detrás de Juan Diego.

**57. Pórticos y balaustradas en las calles de Tlacotalpan, Veracruz.**
Cada día dos de febrero, los pescadores de Tlacotalpan rinden homenaje a la virgen de la Candelaria. Rodeada de centenares de pequeñas embarcaciones, la lancha donde se transporta su imagen navega por el río Papaloapan al son de las arpas y guitarras.

**58. Los Tuxtlas, junto a Playa Escondida, Veracruz.**
La sierra de los Tuxtlas es un crestón volcánico de unos 80 kilómetros de largo que divide la llanura costera de las aguas del Golfo. Este paisaje de laderas volcánicas cubiertas de vegetación tropical sería más típico de Hawaii, y seguramente es único en el norte del litoral del Atlántico. Los magos y curanderos que abundan en esta zona combinan las antiguas prácticas olmecas con ritos africanos traídos por los esclavos que trabajaban en los cañaverales durante la Colonia.

**59. Presa Miguel Alemán, en el estado de Oaxaca.**
La construcción de la presa transformó la topografía montañosa de la Sierra Mazateca en un archipiélago de miles de islas, algunas de formas fantásticas. Esta región es bien conocida por el cultivo de la piña.

# EL ALTIPLANO CENTRAL

**60. El Paricutín, prueba reciente de la geografía volcánica de México.**
Este volcán es el más reciente de los trescientos que se encuentran a lo largo de la Sierra Neovolcánica —de casi 900 kilómetros de largo— que atraviesa a México desde el Golfo hasta el Pacífico en el paralelo 19. Ocho de los diez picos más altos del país —todos volcanes— se encuentran en esta sierra, que marca el límite entre las zonas templada y tropical.

**63. La niebla envuelve un cerro al amanecer cerca de Apan, Hidalgo.**
No obstante sus abundantes bosques y la rica variedad de especies de árboles autóctonos, México sólo explota una cantidad reducida de madera. El terreno montañoso y las técnicas forestales deficientes son dos causas de su falta de productividad. La industria maderera del país aporta sólo medio por ciento del producto nacional bruto y, sin embargo, si la destrucción de bosques continúa al ritmo actual, el país podría quedarse sin recursos forestales en menos de treinta años. La importancia ecológica de los bosques mexicanos supera sin duda los beneficios económicos de su explotación.

**64. Un cráter sirve como cerca a unas tierras de cultivo.**
La superficie de México es mayor que la de España, Francia, Portugal, Italia, Alemania y Gran Bretaña juntas. No obstante, sólo nueve por ciento de su superficie es cultivable, y de ésta se cultiva un poco más de ochenta por ciento cada año. Los cráteres de los volcanes también se utilizan para el cultivo, debido a la riqueza de su suelo.

**65. Plaza de toros de Aguascalientes, la más antigua del país, durante la feria de San Marcos.**
Las corridas de toros llegaron a México desde principios de la Colonia y uno de los primeros toreros fue Hernán Cortés. En 1552, un primo de Cortés fundó la hacienda ganadera de San Mateo Atenco, a cien kilómetros de la capital, donde se inició la ganadería más antigua de toros de lidia.

**66. Tierras de cultivo en las colinas de la sierra de Tentzo, en Puebla.**
Aunque es importante para la conservación del suelo en las colinas, el cultivo en terracería en las laderas de las montañas es poco común en México. Por lo general, los campesinos limpian las laderas para utilizarlas en cultivos de subsistencia, lo cual agota el suelo después de unos cuantos años. La necesidad de incrementar el rendimiento del maíz para alimentar a una población en aumento ha revolucionado los antiguos métodos de cultivo.

**67. Campos de trigo cerca de Apan, Hidalgo.**
Durante la Colonia, estos campos se utilizaron para criar ganado, pero a fines del siglo XIX, se habían convertido en plantíos de maguey. El ferrocarril permitió a los hacendados explotar el mercado de pulque en la cercana ciudad de México. El pulque, producto fermentado del maguey, es una bebida que se consume poco en la actualidad, por lo que estos campos se dedican ahora al cultivo del trigo y la cebada.

**68/69. El terreno accidentado de Taxco (izquierda) y Guanajuato (derecha) impidió realizar la traza reticular de las calles.**
Las semejanzas entre Taxco y Guanajuato se limitan a las calles sinuosas y a su origen común como campamentos mineros. La plata es aún la principal fuente económica de Taxco, un pequeño pueblo dominado por la espléndida iglesia de Santa Prisca. Guanajuato ha evolucionado y ahora es una ciudad cosmopolita, capital del estado desde el siglo XVIII, con una universidad de bastante prestigio. Actualmente es la sede del más afamado festival artístico en el país.

**70/71. Pirámides de la Luna (foto superior) y del Sol (derecha) en Teotihuacan.**
La base de la pirámide del Sol tiene la misma superficie que la de Keops, en Egipto, aunque esta última es dos veces más alta. La pirámide del Sol fue construida con adobe y cubierta con una capa de piedras y estuco rojo. Está ubicada sobre una cueva natural que desemboca en el centro, en una gruta en forma de flor de cuatro pétalos. En Teotihuacan, las pirámides no se utilizaron como tumbas sino como centros ceremoniales. La pirámide y la plaza de la Luna se encuentran al final de la Avenida de los Muertos, un camino de cuatro kilómetros que constituía el eje de la ciudad. Durante su época de auge, Teotihuacan abarcaba una superficie de más de 150 kilómetros cuadrados (más extensa que la capital del imperio romano). En la actualidad, los turistas pueden visitar sólo la quinta parte de esta área y aun así se sienten abrumados por las proporciones descomunales del sitio.

**72. Las tradiciones charras se originaron en las haciendas ganaderas de Jalisco.**
En el siglo XVI, los ganaderos españoles permitían al ganado pastar en libertad, aunque los animales invadían y dañaban las milpas de las comunidades indígenas, provocando continuas tensiones. La invención de la silla charra, esencial para el trabajo a caballo, se atribuye a don Luis de Velasco, segundo virrey de México.

**73a. Zonas de cultivo alrededor de un poblado en el estado de Puebla.**
Esta panorámica recuerda las pequeñas aldeas europeas del medioevo, aunque la sociedad rural del México actual tiene una estructura más variada, debido a las diferencias económicas y sociales de sus miembros. En términos generales, cabría decir que existen por lo menos tres grupos: los campesinos indígenas dedicados a la agricultura de subsistencia y elaboración de artesanías locales, los rancheros que a veces desempeñan actividades comerciales y los agricultores con recursos económicos, que administran sus haciendas de acuerdo con los métodos más modernos.

**73b. Un recodo en el río Atoyac, Puebla.**

**74. Figuras trazadas por la erosión en el altiplano jalisciense.**
La deficiente administración de las tierras se remonta al siglo XVI, cuando se talaron grandes bosques para abastecer con leña las fundiciones de plata y proporcionar material de construcción para las viviendas de los pobladores españoles.

**75. Plantíos de zempazúchil, flor característica del Día de Muertos.**
El 2 de noviembre muchos mexicanos acostumbran visitar las tumbas de sus difuntos; en algunos casos, las decoran con zempazúchil, una fotografía del difunto y comida, ya que creen que sus almas pueden regresar a la tierra. Es un día de recuerdos nostálgicos que permite compartir con el difunto sus platillos favoritos.

**76. Parte de la iglesia de Parangaricutiro surge entre la lava del Paricutín.**
Todos los niños de México aprenden en la escuela la historia del campesino Dionisio Pulido, quien un día observó que salía humo de una milpa recién arada. Unas cuantas semanas después, el Paricutín había sepultado no sólo la milpa sino el pueblo entero.

**77. Iglesia de Jolalpan, Puebla.**

**78/79. El agua cubre los cráteres de algunos volcanes en extinción en las llanuras de Puebla.**

**80. Catedral de Guadalajara y plazas aledañas.**
El centro de Guadalajara tiene una disposición única en México: una serie de plazas en forma de cruz rodea la catedral. Estas fueron construidas en distintas épocas de la historia tapatía y la catedral tardó siglos en tener su forma actual. Las torres se agregaron a mediados del siglo XIX.

**81. El amanecer sombrea las cúpulas y torres de Guadalajara.**
Durante la Colonia, Guadalajara era menos importante que otras ciudades de México. Sin embargo, después de la Revolución, la ciudad creció a grandes pasos hasta convertirse en la segunda metrópoli del país.

**82. Hacienda de Chiautla, en Puebla, una curiosidad arquitectónica.**
A fines del siglo pasado, muchos hacendados remodelaron sus fincas conforme a los castillos europeos. Sin embargo, Chiautla fue originalmente construida a imitación de los *chateaux* franceses.

**83. Llano de Puebla moteado con huizaches.**
El huizache es una especie de acacia que se da en la parte oriental del altiplano y en los estados áridos de Chihuahua, Sonora y Tamaulipas. Sus flores producen un líquido oleoso utilizado en la fabricación de cosméticos; su corteza, abundante en tanino, se utiliza para curtir cuero.

**84. Cúpulas de la Capilla Real en el monasterio de San Gabriel, en Cholula.**
Este edificio es una de las muchas curiosidades arquitectónicas erigidas por los frailes durante las primeras décadas del dominio español. La catedral de Pátzcuaro, con sus cinco naves que parecen los dedos de una mano abierta, fue el resultado de un capricho semejante. La llegada de arquitectos ortodoxos puso fin a estas fantasías.

**85. Iglesia campirana, en Puebla.**
En los alrededores de Puebla, las iglesias más pequeñas están recubiertas de mosaico. Esta ciudad se construyó para los conquistadores que, renuentes a deponer las armas, recorrían el país en grupos al margen de la ley. Para fomentar su asentamiento, se les concedieron privilegios, y pronto Puebla se convirtió en el centro manufacturero de Nueva España. Los productos principales eran el vidrio, los textiles y la cerámica. La costumbre de revestir las cúpulas de las iglesias con mosaico de Talavera se extendió al resto del país.

**86. El lago de Pátzcuaro, antigua cuna de la cultura purépecha.**
Cuenta la leyenda que, al llegar a este lago, algunos miembros de una tribu decidieron detenerse para tomar un baño. Los demás fingieron estar de acuerdo, pero desaparecieron al cabo de un rato, llevándose la ropa y los bienes de los bañistas. Resentidos por la actitud de sus compañeros, abandonaron el idioma, la

religión y las costumbres de sus ancestros y se quedaron a poblar las orillas del lago. Este fue el origen de la civilización purépecha.

**87. La plaza principal de San Miguel Allende bajo la sombra de los laureles.**
La arquitectura colonial de San Miguel Allende atrae a un número cada vez mayor de turistas. Resulta irónico que el pueblo sea mejor conocido por la torre de su iglesia, agregada recientemente a la estructura colonial por un albañil autodidacta.

**88. El Nevado de Toluca, coronado de nieve durante el invierno.**
El camino sinuoso que asciende por la ladera del Nevado llega hasta el cráter del volcán, ahora en extinción, que es el cuarto más alto de México.

**89. Lagunas del Sol y de la Luna en el cráter del Nevado de Toluca.**
Las ollas de barro y las ofrendas descubiertas por arqueólogos submarinos demuestran que los indígenas prehispánicos, probablemente los matlatzincas, celebraban ceremonias rituales a la orilla de estas lagunas.

# LA CIUDAD DE MEXICO

**90. Trajineras en espera del bullicio dominguero en los canales de Xochimilco.**
En la segunda mitad del siglo XIX, algunos barcos de vapor recorrían los canales y lagos que unen a la ciudad de México con Texcoco, Chalco, Xochimilco y otros pequeños pueblos cercanos. No obstante, las trajineras seguían siendo el transporte preferido de los campesinos. El crecimiento de la capital provocó la desecación de los lagos y en la actualidad las trajineras sólo se utilizan para llevar turistas por los pocos canales que quedan, en paseos amenizados con botanitas y mariachis.

**93. El Angel de la Independencia, en el Paseo de la Reforma.**
Este monumento fue construido para celebrar el centenario de la Independencia. La gente lo conoce como "el ángel", debido a la estatua alada que lo remata. El temblor de 1957 lo derribó, a raíz de lo cual se hicieron bromas respecto a que el "ángel quería aprender a volar". Antes de los trágicos sucesos de 1985, los mexicanos no se preocupaban mucho por los temblores.

**94. El Paseo de la Reforma, una elegante avenida de la capital.**
El paseo fue trazado por Maximiliano I, emperador impuesto por los franceses, para tener una vía rápida entre las oficinas imperiales y su castillo en Chapultepec. Más tarde, el paseo fue embellecido con árboles y estatuas de héroes mexicanos, muchos de los cuales lucharon contra Maximiliano. En aquel entonces, la moda francesa imperaba en México, y se construyeron mansiones afrancesadas a lo largo de la avenida. Todavía hoy quedan algunos vestigios de la *belle epoque* mexicana entre los altos edificios que cubren la mayor parte del paseo.

**95. Un mercado sobre ruedas se prepara para un día concurrido.**

**96/97. El centro histórico de la capital, construido sobre las ruinas de Tenochtitlan.**
La capital mexicana, erigida en medio de un lago y atravesada por una red de canales, fue llamada por Miguel de Cervantes "la Venecia de las Indias" en el siglo XVI. Al igual que la ciudad italiana, México sufrió numerosas inundaciones durante la época colonial. La más grave fue en 1629, después de la cual quedó bajo dos metros de agua durante cerca de tres años. Irónicamente, la ciudad también padecía gran escasez de agua potable.

**98. Fuente inspirada en los mitos prehispánicos, de Diego Rivera.**
Diego Rivera, artista controvertido y político radical, dedicó su talento al rescate de la herencia cultural mexicana. Esta fuente, junto a la casa de bombas de un acueducto, representa al dios azteca de la lluvia, Tlaloc, cuyo nombre se origina en la palabra náhuatl *tlalli* ("yacer sobre el suelo"). La palabra *totopamitl*, que se aprecia en la parte inferior de la fuente a la izquierda, significa "tallo de maíz".

**99. Escultura al aire libre entre los pedregales volcánicos de la Universidad Nacional.**
Esta es la más grande de una serie de esculturas monumentales que la universidad

mandó hacer, para aprovechar un entorno extraordinario. La corteza de lava de once metros de profundidad cubre cerca de 75 kilómetros cuadrados en la zona suroeste de la ciudad. La mayor parte de la lava proviene del volcán del Xitle, que hizo erupción a principios de nuestra era.

**100. El castillo de Chapultepec, rodeado por el parque del mismo nombre.**
Desde la época prehispánica, este parque ha sido un lugar de recreo. Los emperadores aprovecharon un ojo de agua al pie del cerro de Chapultepec para crear uno de los primeros jardines botánicos en el que se distraían contemplando el mundo natural. La construcción del castillo se inició a fines del siglo XVIII. Nunca fue ocupado por los virreyes, pero se utilizó como archivo, escuela militar y habitación del desventurado emperador Maximiliano. En la actualidad es un museo.

**101. Las jaulas de los felinos, en el zoológico de Chapultepec.**
Este zoológico ha cobrado fama mundial en los últimos años debido a su éxito en la reproducción de especies en peligro de extinción, como el oso panda.

**102. Modernas unidades habitacionales rodean la pirámide azteca y la iglesia colonial en Tlatelolco.**
Poco antes de la Conquista, Tlatelolco era el centro comercial del valle de México. Su mercado impresionó profundamente a los soldados españoles por la gran diversidad de productos. En el siglo XVI, los franciscanos fundaron una escuela con el fin de educar a los jóvenes indígenas descendientes de la nobleza. Uno de sus egresados llegó a estudiar derecho en la universidad de Salamanca, en España, un caso poco frecuente en esa época.

**103. El Palacio de Bellas Artes, a un costado de la Alameda.**
Este grandioso teatro fue uno de los edificios públicos financiados por el gobierno de Porfirio Díaz, como prueba de que la modernidad había llegado a México. El escenario se dotó del equipo más moderno de la época, incluida una cabina de proyección cinematográfica.

**104/105. La Catedral Metropolitana y el Palacio Nacional en el Zócalo.**
La catedral de México, iniciada hace 400 años, es la más grande de Latinoamérica. Su construcción tardó más de doscientos años. El Palacio Nacional ha sido la sede del poder político desde los días de la Colonia. Fue construido sobre las ruinas de los palacios de los últimos emperadores aztecas. La plaza, llamada la "Plaza de la Constitución", es mejor conocida por los mexicanos como el "Zócalo". Durante la década de 1840, Santa Anna decidió erigir un monumento. Al ser depuesto, únicamente se había terminado el zócalo, que quedó durante varias décadas hasta que fue demolido. Para entonces, la gente ya había adoptado este nombre para la plaza.

**106. Celebración del 12 de diciembre en el sagrario de Guadalupe.**
Los peregrinos se agrupan alrededor de los concheros, danzantes que honran a la virgen en la explanada de la basílica. En el México prehispánico, este baile tenía un propósito ritual. Todavía se perciben en las danzas de los concheros rasgos de las ceremonias antiguas, aunque recubiertos por una pátina de cristianismo.

**107. Escultura de Alexander Calder, en la explanada del Estadio Azteca.**

# LA COSTA DEL PACIFICO

**108. La aurora perfila las escarpadas costas de Michoacán.**

**111. Caleta, playa de aguas tranquilas, es una de las más visitadas de Acapulco.**
Entre 1930 y 1950, Acapulco comenzó a ser visitado por turistas, asombrados del paisaje espectacular de la bahía de Santa Lucía, quienes construyeron casas de descanso en los acantilados a orillas del mar. Durante la década de 1950, las tranquilas playas de Caleta y Caletilla se pusieron de moda, pero al construirse los hoteles de lujo en las cercanías, éstas se convirtieron en playas populares.

**112. Luna llena sobre Acapulco y la bahía de Santa Lucía.**
En unas cuantas décadas, Acapulco pasó de ser un puerto pesquero sin importancia a una ciudad moderna de casi un millón de habitantes. En primer plano observamos

La Roqueta, una isla en la boca de la bahía que no se ha aprovechado debido a su falta de agua potable.

**113. El fuerte de San Diego preside la llegada de un trasatlántico en Acapulco.**
El fuerte de San Diego fue construido en 1776 en el lugar de una plaza más antigua. La influencia de Vauban, famoso ingeniero militar francés, se percibe en su forma pentagonal con baluartes en cada ángulo. La presencia de este fuerte, ahora convertido en museo, recuerda al turista que Acapulco tiene una larga historia previa a la época de los hoteles y condominios que hoy se extienden en el horizonte.

**114a. Barco pesquero varado en las arenas de Barra de Navidad, Jalisco.**

**114b. Olas imponentes rompen sobre las rocas de la costa de Jalisco.**
La superficie del planeta está divida en enormes segmentos conocidos como planchas tectónicas, las cuales están en constante movimiento. Dos de ellas, Cocus y Norteamericana, se empujan mutuamente en la costa del Pacífico mexicano, a una velocidad de varios centímetros al año. El litoral rocoso desde Jalisco hasta el istmo de Tehuantepec es el resultado de la presión que ejercen. Esto también ha dado lugar a los 35 mayores temblores que han estremecido al suelo mexicano en el siglo actual.

**115. Panorámica de la caleta de Campos, en Michoacán, con el faro de Pitutina.**

**116. El valle de Oaxaca en una tarde despejada.**
Más de setenta y cinco por ciento de las tierras agrícolas del país son de temporal. La sequía es una amenaza constante, por lo cual es fácil comprender por qué los dioses de la lluvia tenían tanta importancia en la mitología prehispánica.

**117. El Volcán del Fuego, en actividad, y el Nevado de Colima, en extinción, Jalisco.**
El Volcán del Fuego es uno de los picos más altos de México y se encuentra en actividad, que se limita sobre todo a bocanadas de vapor y ocasionales rugidos. No obstante, los vulcanólogos estiman que en las próximas décadas habrá una erupción mayor.

**118/119. La acrópolis de Monte Albán, con una vista panorámica del valle de Oaxaca.**
Los zapotecas fundaron Monte Albán alrededor del año 600 a.C. sobre una montaña que se eleva 1 200 metros sobre los valles a su alrededor. Se calcula que las laderas que conducían al centro ceremonial estaban habitadas por unas 25 000 personas. La cultura zapoteca, una de las más perdurables desde tiempos prehispánicos, nos legó por lo menos doscientos sitios arqueológicos en los alrededores de Monte Albán.

**120. Una bugambilia adorna el atrio de una iglesia en medio del valle de Oaxaca.**
Los cementerios en el atrio de las iglesias son frecuentes en todo el mundo. Sin embargo, en México, sus proporciones son mayores. Durante los primeros tiempos de la Colonia, un espacio amurallado al aire libre, con una cruz de piedra en el centro, servía para convertir a los indígenas al cristianismo, para bautizarlos y para decir misa. Con el tiempo, se construyeron las iglesias, por lo general al oriente de este patio. Este plan básico se siguió hasta mucho después de que los misioneros cumplieron su cometido.

**121. Campos de jamaica en flor a lo largo de la costa de Guerrero.**
El clima cálido ha inspirado a los habitantes de Guerrero a inventar una variedad asombrosa de aguas frescas para saciar la sed. El agua de jamaica es especialmente popular.

**122. Las palmeras y la tierra rojiza son características de Tierra Caliente, en Oaxaca.**
Los chatinos de Oaxaca son descendientes de los zapotecas que construyeron Monte Albán, uno de los centros ceremoniales más espectaculares de México. Este grupo ha logrado mantener un estilo de vida ajeno a cualquier influencia europea.

**123. Bancos de arena en la desembocadura de un río en el litoral oaxaqueño.**
Esta fotografía fue tomada cerca del istmo de Tehuantepec, donde existe el único matriarcado en México.

**124a. Doceavo hoyo, junto al mar, en el campo de golf de Las Hadas, Manzanillo.**

**124b. Yate con el viento en popa en la costa de Mazatlán.**

**125. Centro turístico de Las Hadas, en Manzanillo, de arquitectura estilo morisco.**

**126. Puerto Vallarta, en la costa de Jalisco.**
La mayoría de los centros turísticos a lo largo de la costa del Pacífico eran pueblos fundados antes del siglo XVIII. Si bien Acapulco se transformó por completo con la llegada del turismo, Mazatlán y Puerto Vallarta han mantenido su encanto histórico. En el caso de Mazatlán, la ciudad creció por la costa, lejos del centro. En Puerto Vallarta, por el contrario, se ha extendido desde la antigua ciudad, lo que le ha dado al nuevo desarrollo un centro tradicional.

**127. Casa de playa en los riscos de Careyes, Jalisco.**
Al construir casas de lujo al lado del mar, los arquitectos mexicanos han descubierto el valor de los techos de paja, paredes de adobe y otras técnicas de construcción innovadoras como alternativas del aire acondicionado. El uso de materiales rústicos también ha contribuido a la creación de un estilo arquitectónico original.

**128a. Mexcaltitán, isla que quizá fue el primer hogar de los aztecas.**
De acuerdo con la leyenda, la tribu azteca partió de su hogar mítico, Aztlán, para hacer un largo peregrinaje por México en busca de la tierra prometida. Llegaron al valle de México, donde fundaron la ciudad de México-Tenochtitlan. No se sabe con certeza la ubicación de Aztlán, aunque existen semejanzas entre el pueblo pescador de Mexcaltitán y las descripciones de la antigua Aztlán. Ambos lugares tienen un nombre que proviene del vocablo *mextli*, o luna, y ambos están ubicados en medio de un lago. Por otra parte, el plan del Mexcaltitán moderno se parece bastante al del antiguo Tenochtitlan.

**128b. Las vacas recorren un camino inundado de regreso a Mexcaltitán.**

**129. Manglares cerca de San Blas, en Nayarit.**
Los científicos han comenzado a comprender la importancia de los pantanos en los ciclos vitales del planeta. Algunos estudios han encontrado una relación entre la productividad de la pesca marina y los procesos de limpieza que realizan los manglares y otras plantas acuáticas. En México, sin embargo, los pantanos siguen desecándose para transformarlos en pastizales para ganado vacuno. Se desconocen las consecuencias a largo plazo que esto tendrá en el ambiente.

**130. Puerto Escondido, pueblo de pescadores en Oaxaca.**
Puerto Escondido es uno de los pocos sitios turísticos en el Pacífico que ha mantenido su ambiente de pueblo de pescadores, a pesar de los hoteles, aeropuertos y boutiques. Los habitantes se sienten orgullosos de tener las aguas más claras en la costa del Pacífico, casi tan transparentes como las del Caribe.

**131. Puerto de Mazatlán.**
El gobierno mexicano considera al turismo como uno de los principales factores del desarrollo económico del país. Debido a su ubicación y a sus aguas templadas, Mazatlán es cada vez más popular entre los norteamericanos y canadienses.

# EL NOROESTE

**132. Real de Catorce, pueblo minero abandonado en las colinas Panzón de Plata.**
Las vetas de plata de Real de Catorce se descubrieron hasta el siglo XVIII, y pronto lo convirtieron en uno de los centros mineros más importantes del país. La producción llegó a su auge en 1803, cuando las minas producían tres y medio millones de pesos en barras de plata. Entre 1863 y 1869, la Casa de Moneda de Catorce acuñó otros seis millones de pesos. La producción disminuyó a partir de entonces y finalmente la mina cerró debido a las inundaciones que hubo durante la Revolución de 1910.

**135. Desembocadura del río Bravo en el Golfo de México.**
Durante más de doscientos años, diferentes grupos de exploradores fueron "descubriendo" el río en distintos lugares, lo cual suscitó confusiones respecto al nombre. Algunos de éstos eran el río de Nuestra Señora, Tigurex, Guadalquivir, del Norte, San Buenaventura y Barroso. El río nace en las montañas de San Juan, en Colorado, y es uno de los más largos del continente americano; de ahí su nombre de río Grande, como se le conoce en Estados Unidos. El nombre de río Bravo se debe a un grupo de exploradores españoles que estuvieron a punto de ahogarse en una de sus violentas inundaciones.

**136. El Cerro de la Silla domina el horizonte de la ciudad de Monterrey.**
Monterrey es una ciudad conocida por su clima poco acogedor; los inviernos son muy severos, seguidos sin transición por veranos intensos. Las sequías veraniegas siguen a las violentas lluvias de un otoño temprano. Cuando los huracanes del Golfo barren el paisaje, el ancho lecho del río Santa Catarina, que se puede observar a la derecha de la fotografía, se vuelve un torrente feroz, aunque se desvanece con la misma rapidez con la que aparece.

**137. Pueblo campesino en los llanos de Zacatecas.**
Gran cantidad de hectáreas anteriormente áridas en el norte de México se han convertido en tierras productivas gracias al riego. El suelo es sumamente fértil y los cambios extremos de temperatura del día a la noche impiden la reproducción de plagas.

**138. La Quemada, asentamiento prehispánico en Zacatecas.**
La Quemada, que domina el valle de Malpaso, fue un asentamiento construido por los teotihuacanos en el año 300 a.C. para proteger a sus caravanas de comerciantes de las incursiones chichimecas. Posteriormente, los aztecas utilizaron este asentamiento. Los historiadores han sugerido que La Quemada fue el sitio de Chicomoztoc, lugar donde las crónicas indígenas cuentan que los aztecas descansaron por varios años antes de proceder su marcha hacia el sur y el valle de México.

**139. Nacimiento de la Sierra Madre Oriental, Nuevo León.**
Al observar estas monumentales montañas, un joven teniente del ejército invasor de los Estados Unidos escribió a los suyos en 1846: "Su aspecto de castillo es sumamente hermoso y recuerda las descripciones de las novelas. Con sólo dejar volar la imaginación, estos castillos, hondonadas y torres encantados cobran vida con actores de otros tiempos."

**140. Campo de futbol encajonado entre los muros de una fábrica en Monterrey.**
El futbol y el beisbol se jugaron por primera vez en México a principios de este siglo, pero la difusión televisada de los partidos de futbol durante los años cincuenta impulsó su popularidad. El beisbol todavía tiene fanáticos a lo largo de la costa del Golfo y en los estados de Sinaloa y Sonora, donde se inició Fernando Valenzuela.

**141. El gusto de los mexicanos por los colores se manifiesta en el pueblo minero de Fresnillo, Zacatecas.**

**142. Declives de piedra arenisca en la sierra del Carmen, en Coahuila.**
Más allá de las montañas de esta sierra, el río Bravo atraviesa el fondo de un cañón de cien kilómetros de largo y setecientos metros de profundidad. El lado opuesto del cañón corresponde al parque nacional Big Bend. Se ha tratado de establecer un parque similar en México para preservar la vida silvestre de la región, que se ha reducido.

**143. Cielo crepuscular reflejado en una charca, Zacatecas.**

**144/145. La ciudad minera de Zacatecas está construida alrededor de una catedral barroca.**
Un año después del descubrimiento de las minas en Zacatecas, 34 compañías mineras explotaban una de las vetas de plata más ricas del mundo. La minería es aún fuente importante de la economía zacatecana, y el desarrollo industrial no ha logrado desfigurar la traza colonial de callejones sinuosos entre las casas de antaño y los muros rosados y amarillos de piedra arenisca de las iglesias.

**146. Barcos camaroneros tradicionales en la Laguna Madre.**

**147. Un banco de arena de 160 kilómetros separa la Laguna Madre del Golfo de México.**
Este banco de arena continúa hacia el norte, más allá de la desembocadura del río Bravo, hasta llegar casi al puerto de Galveston, en Texas.

# EL NOROESTE

**148. Barranca del Cobre, en Chihuahua.**
Este cañón alcanza más de 1 200 metros, su máxima profundidad, en el río Urique. Plantas tropicales crecen en el fondo de la barranca, en tanto que bosques de pino y encino cubren los bordes. Se han descubierto yacimientos de plata, cobre, plomo y zinc, pero esta zona está considerada como parque nacional.

**151. Un arroyo infunde vida a tierras salobres en la bahía de Altata, en Sinaloa.**

**152. Trigales cultivados por los menonitas, en Chihuahua.**
Los menonitas se establecieron en las planicies de Chihuahua cuando el presidente Obregón firmó un acuerdo que les garantizaba absoluta libertad para determinar su sistema económico y para manejar sus escuelas. Esto permitió a la comunidad mantener un estilo de vida por completo ajeno al resto del país. Los menonitas han fundado otras comunidades en Durango, Campeche y Guanajuato, y algunos han emigrado a Belice y Bolivia.

**153. Una antigua hacienda con su capilla, en las llanuras de Chihuahua.**
Durante la segunda mitad del siglo XIX, la política y la economía de Chihuahua estuvieron controladas por relaciones de tipo feudal, muchas veces auspiciadas por Porfirio Díaz. Agobiados por la situación, los chihuahuenses se levantaron en armas contra Díaz y los hacendados, e iniciaron la Revolución. El general Pascual Orozco encabezó la batalla que culminó con la victoria de Ciudad Juárez, decisiva para el fin del dictador.

**154/155. Rocas de Lumbre, en Chihuahua.**

**156. El nacimiento del río Conchos, Chihuahua.**
El río Conchos recibe el agua de una gran parte de la sierra montañosa de Chihuahua, y proporciona al río Grande, donde desemboca, más de la mitad de su caudal.

**157. Los matices de otoño inundan los bosques de abedul en Chihuahua.**
No es frecuente ver bosques de abedules tan al sur, pero México tiene climas muy variados debido a su ubicación geográfica y al terreno montañoso. Esta variedad ha propiciado una diversidad asombrosa de flora. Los científicos desconocen el número exacto de especies pero consideran que son más abundantes que en otros países que cuentan con un territorio mayor.

**158. Los modernos edificios han cambiado la fisonomía de la antigua Chihuahua.**

**159. Ruinas de Casas Grandes, antigua ciudad construida con barro en el desierto de Chihuahua.**
Casas Grandes era el asentamiento más alejado de los indios pueblo de Arizona y Nuevo México. Es el único sitio arqueológico en México en el cual han sobrevivido las viviendas y los centros ceremoniales. Se ha descubierto un patio donde se realizaban danzas, lo cual prueba que las prácticas religiosas de sus habitantes estaban influidas por las culturas del altiplano.

**160. Iglesia tarahumara en Chihuahua.**
Al igual que otros grupos indígenas de México, los tarahumaras practican una mezcla de catolicismo y ritos autóctonos. Es un grupo que se ha resistido a ser asimilado por la sociedad moderna y, probablemente, en esta iglesia, los dioses del sol y de la luna tienen la misma jerarquía que Cristo.

**161a. Ferrocarril con destino a Ciudad Juárez cruza las llanuras de Chihuahua.**

Hace tiempo, los empresarios estadounidenses buscaron la concesión para construir el ferrocarril de El Paso a Topolobampo, principalmente porque la distancia entre Topolobampo y San Luis Misuri es de 480 kilómetros menos que entre este último puerto y San Francisco. Debido a que 400 kilómetros de esta ruta cruzan la Sierra Madre, se construyeron 39 puentes y 71 túneles. En un punto del trayecto, una sola vía serpenteaba desde la cumbre hasta el río Chínipas, a 2 400 metros de profundidad.

**161b. Pelícanos en la presa Abelardo Rodríguez, en Hermosillo, Sonora.**

En una curiosa inversión de papeles, los seres humanos contemplan desde el aire a unos pelícanos que han encontrado un sitio para pasar la noche, un poco abajo de la superficie de la presa. Sin duda satisfechos de su parodia de vida terrestre, los pájaros se mantuvieron por completo ajenos al avión que los sobrevolaba.

**162. Barcos pesqueros anclados a una boya en Puerto Peñasco, Sonora.**

Puerto Peñasco es un importante puerto camaronero en el Golfo de California. La pesca ha decaído en los últimos años y se desconoce si se debe a una disminución de los bancos camaroneros o si la sobreexplotación ha generado factores ambientales adversos. Desde hace tiempo, la exportación de este producto ha sido una fuente importante de divisas para esta región, por lo cual es deseable aumentar el número de granjas camaroneras.

**163. El estrecho de Infiernillo separa la isla Tiburón de la costa sonorense.**

La isla Tiburón es un asentamiento seri, una de las últimas tribus que permanecen al margen de la cultura mestiza. Esto se debe, en gran parte, a la distancia que la separa de tierra firme, a través del peligroso estrecho conocido como Infiernillo.

**164. Volcán en extinción en el parque nacional Cerro del Pinacate, Sonora.**

El parque debe su nombre a la palabra azteca que denomina a un pequeño escarabajo que segrega un líquido maloliente para defenderse de sus depredadores. Esta región hostil es la cuna de numerosas especies únicas de animales, incluida una subespecie de pinacate. El parque tiene más de 600 cráteres volcánicos, dato útil para los ingenieros de la NASA cuando decidieron probar el vehículo lunar del programa Apolo en este paisaje.

**165. Los crestones volcánicos en el desierto de Altar arden a la luz de la mañana.**

**166. Salto de Basaseáchic, en las montañas de Chihuahua.**

Este salto de agua, de 300 metros de altura, es el más alto de México. Se encuentra en un parque nacional.

**167. La sierra del Nido rompe las planicies de Chihuahua.**

# BAJA CALIFORNIA

**168. Bancos de arena en la bahía de Balandra, en Baja California Sur.**

Esta bahía, ubicada a unos 13 kilómetros de la ciudad de La Paz, es un lugar favorito de turistas y habitantes, debido a sus aguas tibias y poco profundas y a la blancura y delicadeza de su arena. La diferente tonalidad del agua se debe a la distinta altura de los bancos submarinos.

**171. La arena y la vegetación convergen en la bahía de Santa María.**

La zona oscura en primer plano y los puntos minúsculos cerca de las montañas al fondo de la fotografía son manglares. El canal sinuoso no es un río sino un estuario. En la esquina inferior izquierda, las tranquilas aguas de la bahía Magdalena contrastan con el turbulento oleaje del Pacífico de la bahía de Santa María.

**172. Isla Espíritu Santo, Baja California Sur.**

La península de Baja California se ha alejado del continente desde hace más de 20 millones de años. Esta isla, como la mayoría del Golfo de California, es parte de los residuos de este proceso. La accidentada costa occidental de la isla es prueba de que alguna vez fue parte de la península.

**173. Sierra de San Lázaro, en la punta de la isla Magdalena.**

La isla Magdalena, de 90 kilómetros de largo y unos cuántos de ancho, sirve como rompeolas a la bahía Magdalena. El alto grado de salinidad de las aguas hace del lugar un criadero ideal para la ballena gris, ya que ayuda a los ballenatos a flotar.

**174. Lanchas de pescadores al amanecer, en Cabo San Lucas.**

**175. Punta de tierra en Cabo San Lucas.**

El gobierno ha designado la zona de 30 kilómetros entre Cabo San Lucas y San José del Cabo como uno de los cinco centros turísticos que deberán desarrollarse en la costa mexicana. De acuerdo con los planos de Los Cabos, la marina, que se observa al fondo, quedará rodeada por un emporio de hoteles y centros comerciales.

**176. Granja aislada en la costa del Pacífico, en el norte de Baja California.**

Baja California es la región de México con menor densidad de población. Incluso si se cuenta la población de Tijuana, hay doce habitantes por kilómetro cuadrado, lo cual representa un marcado contraste con el promedio nacional —42 habitantes por kilómetro cuadrado. El aislamiento es una de las características de esta península, y muchas veces lo único que motiva a sus habitantes es el simple esfuerzo de sobrevivir.

**177. Isla San Francisquito, en el Golfo de California.**

El Golfo de California está salpicado de cientos de islas, muchas de las cuales albergan especies animales únicas, como la víbora de cascabel sin cascabel de la isla Santa Catarina y la iguana de cola espinuda de la isla San Esteban. El equilibrio ecológico de estas islas es precario, y cualquier cambio en el entorno puede provocar una reacción en cadena que ponga en peligro la existencia de estas especies únicas.

**178/179. Tierras de cultivo en invierno en el Pacífico, Santo Tomás.**

La costa noroeste de Baja California es el único sitio en México con clima mediterráneo; la época de lluvias es en invierno y no en verano. La niebla humedece las tierras de la costa, lo cual las hace especialmente favorables para algunos cultivos como el jitomate y la vid.

**180. Dunas arañadas por el viento junto a la laguna de Scammon.**

Todos los años, entre los meses de noviembre y marzo, la ballena gris llega a este sitio para reproducirse. Es una ironía que la laguna lleve el nombre de uno de los cazadores de ballenas más famosos del siglo XIX.

**181a. La evaporación forma figuras en la superficie de los saladares en la bahía de Vizcaíno.**

Esta bahía, que debe su nombre a uno de los primeros exploradores españoles de California, es uno de los paisajes más hermosos y desolados del mundo, sujeto a cambio constante. Cuando el agua se evapora, la sal queda sobre grandes superficies. Bajo el sol despiadado, estos charcos de un tono verde grisáceo se desvanecen en unos cuantos días.

**181b. Tractores excavan las minas de sal en Guerrero Negro.**

El hombre ha seguido el método de la naturaleza para extraer la sal del mar. Grandes lagunas, con una superficie de 2 000 hectáreas y medio metro de profundidad, se inundan periódicamente. Después, se deja que el agua se evapore y los tractores excavan la superficie para cargar los cristales. Las treinta lagunas tienen una producción anual de más de 90 000 toneladas de sal, que en su mayoría se exporta a Japón.

**182. Figuras delineadas por el agua en las ciénagas de Guerrero Negro.**

**183. Delta del río Colorado.**

Antes de que las presas y el riego redujeran en forma drástica el volumen de agua del río, la inmensa ola formada por la marea de San Felipe asolaba a los marineros que cruzaban el Golfo de California. Después del deshielo de primavera, el caudaloso río se juntaba con las mareas formadas en el Golfo, y se creaba una ola inmensa que, en unos cuantos minutos, crecía a una altura de dos o más metros y se lanzaba contra la playa.

**184/185. Atardecer sobre la bahía de la Concepción.**